DESEJO

DESEJO

Transforme a mulher de sua vida na amante que você sempre quis!

ELLEN KREIDMAN

Tradução:
Nivaldo Montingelli Jr.

editora HARBRA ltda.

Direção Geral: Julio E. Emöd
Supervisão Editorial: Maria Pia Castiglia
Coordenação Editorial: Marilu Bernardes Sória
Revisão de Estilo: Maria Lúcia G. Leite Rosa
Revisão de Provas: Melissa Mesquita Ponciano
Composição e Diagramação: Cícera Benevides do Nascimento
Fotolitos: DUBAU Stúdio Gráfico e Fotolito Ltda.

DESEJO — Transforme a mulher de sua vida na amante que você sempre quis!
Copyright © 1995 por **editora HARBRA ltda.**
Rua Joaquim Távora, 629 — Vila Mariana — 04015-001 — São Paulo — SP
Telefones: 549-2244, 571-0276 e 571-9777

Tradução de **LIGHT HER FIRE — How to ignite passion and excitement in the woman you love**
Copyright © por Ellen Kreidman
Publicado originalmente nos EUA por Villard Books,
uma divisão de Random House, Inc

Reservados todos os direitos. É terminantemente proibido reproduzir esta obra, total ou parcialmente, por quaisquer meios, sem autorização por escrito dos editores.

Impresso no Brasil   **Printed in Brazil**

ATENÇÃO!!!

Não leia este livro, a menos que você seja um homem que deseja:

* Noites de prazer sensual
* Aventura além das suas mais loucas fantasias
* Experimentar o prazer da liberação de um comportamento imprevisível e espontâneo.
* Uma amante excitante e apaixonada
* Intimidade verdadeira
* Uma mulher atenciosa, compreensiva e sensível
* Tornar-se o homem tão sonhado pela maioria das mulheres

REPITO, em nenhuma circunstância, não leia este livro, a menos que deseje sinceramente acender a chama da paixão na mulher que ama!

DEDICATÓRIA

Este livro é dedicado a meu marido Steve, que me cativou desde o dia em que o conheci no colégio, há mais de trinta anos, e tem mantido a chama da paixão acesa durante nossos vinte e quatro anos de casamento.

CONTEÚDO

Agradecimentos
Nota da Autora
Introdução

1 UM BRINDE ÀS SUAS DIFERENÇAS 1
   Uma Noite para Ser Lembrada 1
   Uma Verdadeira Parceria 5
   A Jornada Sem Fim 6
   As Diferenças Levam ao Crescimento 7
   Destaque os Aspectos Positivos 8
   Transforme Suas Diferenças em Elogios 9
   Por Que uma Mulher se Apaixona 11
   Ela Vale Oito Vacas 13
   A Aprovação de um Pai 14

2 DO PONTO DE VISTA DELA 19
   Quem Pode Entender uma Mulher? 19
   O Que Desejam as Mulheres? 20
   Não Há Comparação 23
   Que Diferença Faz um Amigo 24
   Prove Seu Amor 25
   Pequenas Coisas Significam Muito 26
   Escolha Você Mesmo 30
   Diga Alguma Coisa, Noto Tudo 32
   O Elogio de Cinco Segundos 33
   Uma Semana de Doação 36
   Expresse Seu Amor 38

3 ESCUTE COM TODO O SEU CORAÇÃO 43
   Um Fala, o Outro Escuta 43
   Conversa de Namorados 45

Por que Parou?   46
Trinta Minutos por Dia   48
Uma Mulher É Como um Jardim   49
Seu Ombro, Não Sua Boca   51
A Arte de Ouvir   54
O Passado Acabou   55
Não Me Reprove   56
Sinais Não-Verbais   58
Você Achou Que Eu Queria Dizer Isso?   60

4 NADA MAIS QUE SENTIMENTOS   69
Sentimentos Não São Um Bom Negócio   69
Paus e Pedras   70
Superando Aquilo Que Você É   72
Compartilhando Seus Sentimentos   73
Sua Saúde Depende Disso!   75
O Que Mais Existe?   75
Seu Valor   77
Você Não É Aquilo Que Faz   79
Não Se Desculpe por um Sentimento   82
Não Leve para Casa   84
Ataque o Problema, Não a Pessoa   85
O Conflito É Necessário   89
Preocupe-se Com Ela,
  Em Vez de Tirar Vantagens   92

5 O QUE ATRAI, O QUE AFASTA   97
Um Exame Rigoroso de Si Mesmo   97
Uma Jornada ao Seu Interior   98
O Que Afasta uma Mulher   99
  Indecisão   99
  Controle   100
  Sabotagem   101
  Ciúmes   102
  Acusações e Reclamações   103
  Exibicionismo   105
  Só Trabalho e Nada de Divertimento   106
  A Necessidade de Amar   107
  Falta de Sensibilidade   109

O Que Atrai uma Mulher   111
　　Confiança Irradiante   111
　　Senso de Humor   112
　　Conte Comigo   113
　　Apoio   116
　　Em Contato com a Criança Interior   117
　　Comportamento Infantil   118

6 SEJA ROMÂNTICO COMIGO   125
　　É Sua Vez   125
　　Então, Você Não É Perfeito   126
　　Biologia *Versus* Psicologia   128
　　O Fator Biológico no Homem e o Psicológico na Mulher   129
　　O Emocional *Versus* o Físico   130
　　Sexo é Doação   130
　　Atenção às Necessidades   131
　　Ele É Visual — Ela É Verbal   133
　　Amor para Ter Sexo, Sexo para Ter Amor   134
　　A Expectativa de Um Acontecimento Futuro   135
　　Mantenha o Contato e Seja Livre   137
　　Tire-me Daqui!   138
　　Hábitos Ligados à Aparência Pessoal   140
　　Namorar Significa Tocar   141
　　Uma Forma Íntima de Relacionamento   143
　　Cinqüenta Maneiras de Manter o Desejo Dela Ardente   144

7 O AMANTE IMAGINATIVO   157
　　Simular Tem Suas Recompensas   157
　　Confidencial   160
　　Seja a Fantasia Dela   161
　　Dê Asas à Sua Imaginação,
　　　　Mesmo que Seu Corpo Não Saia do Chão   164
　　Astro no Papel Que Você Mesmo Criou   164
　　Entrando no Quarto   167
　　Onde Fica?   169

8 AMAR É...   175

Conclusão   180

AGRADECIMENTOS

Sou profundamente grata às seguintes pessoas que foram tão importantes em minha vida:

A meus pais, que se amaram apaixonadamente por quarenta e sete anos e meio e me proporcionaram uma infância maravilhosa e segura, com muitas lembranças preciosas.

A meus filhos Tara, Tiffany e Jason, que trouxeram a harmonia e o equilíbrio em minha vida.

A meu irmão e minha cunhada, Harvey e Susan, que se amaram por dezesseis anos e fizeram de mim a orgulhosa tia dos seus belos filhos, Matthew e Allison.

A meus cunhados Barbara e Dale, que são exemplos vivos daquilo que ensino.

A Frankie Wright, cujo estímulo e entusiasmo diários ajudaram a ampliar meu programa. Ela influenciou muitas vidas com sua honestidade e generosidade.

A Diane Reverend, minha editora, cuja sabedoria, experiência, orientação e paciência são uma fonte constante de inspiração.

A Janet Bolen, minha agente, que me deu apoio nos últimos quatro anos. Sua dedicação, amizade e capacidade para se doar, tanto em termos pessoais como profissionais, motivaram-me a dar e fazer o melhor que tinha a oferecer.

A Stevie Rimer, meu gerente administrativo, cuja capacidade para cuidar das atividades diárias com competência e entusiasmo permitiu que eu me concentrasse em levar minha mensagem a um público maior.

Ao Irvine Hilton and Towers Hotel, que me proporcionou os serviços e a tranqüilidade necessários ao fluxo criativo das idéias.

E, acima de tudo, aos participantes de meus seminários, por dedicarem seu tempo a aprender comigo e a relatar suas experiências. Sem eles, este livro não poderia ter sido escrito.

NOTA DA AUTORA

CONSIDERE-SE ELOGIADO

Há várias maneiras pelas quais este livro pode ter chegado às suas mãos:

Você comprou *Desejo* por iniciativa própria e, neste caso, meus parabéns. Você é um homem especial e merece ser elogiado pelo seu desejo de se tornar o melhor amante e companheiro possível.

Você recebeu *Desejo* de um amigo que achou nele algo de muito especial e quis compartilhá-lo com pessoas que são importantes para ele.

Desejo foi um presente da sua mulher ou namorada. Considere este o maior de todos os elogios. O que ela está dizendo é: "Você é a pessoa mais importante da minha vida e eu o amo profundamente. Quero que tenhamos a felicidade que merecemos. Não quero que nosso relacionamento se torne medíocre, sem nada de especial. Quero que nos juntemos às fileiras dos grandes amantes. Sei que às vezes pareço difícil de ser amada, mas se você procurar compreender minhas necessidades, farei o mesmo por você. Então poderemos ter um relacionamento cheio de paixão, estímulo e satisfação sexual."

Sua mãe pode ter lhe dado *Desejo* porque quer muito vê-lo feliz. Não importa a sua idade, você sempre será o filhinho dela e seu instinto é de querer protegê-lo contra desapontamentos e frustrações. Agradeça por ter alguém que lhe deseja o melhor que a vida tem a lhe oferecer.

Prometo que se você dedicar algumas horas à leitura deste livro, terá todos os conhecimentos necessários para se tornar o valente cavaleiro da sua mulher. Será o herói dela para sempre, e terá nas mãos tudo aquilo que precisa dizer e fazer para que ela reaja de uma forma que você nunca sonhou ser possível.

* Se você é solteiro, terá em sua vida tantas mulheres que não saberá o que fazer com elas. Elas o acharão irresistível. Você estará muito à frente de qualquer concorrente.

* Se você saiu magoado de um relacionamento anterior e não sabe se convém apaixonar-se de novo, pode ter a certeza de que terá a confiança necessária para recomeçar. E, o que é mais importante, você compreenderá o que saiu errado e provavelmente não cairá nos mesmos erros cometidos antes.

* Se você tem uma namorada, ela desejará tê-lo como parceiro pelo resto da vida. Você acabará com todas as dúvidas que ela pode ter tido.

* Se você está casado com uma mulher que não lhe corresponde, cuidado! Ela irá corresponder!

* Se você está prestes a se divorciar, ficará surpreso pela facilidade com a qual poderá reparar um relacionamento deteriorado.

* Se você está bem-casado, saberá como manter para sempre aquilo que tem hoje.

Vamos iniciar juntos esta jornada e aprender como você pode se tornar *aquele* homem tão sonhado por uma mulher. Em troca disso, suas fantasias se tornarão realidade. Aprenda a acender nela a chama da paixão, para ter uma mulher excitante, sensual e interessada em você para o resto de sua vida.

Ellen Kreidman

INTRODUÇÃO

E NÓS, COMO FICAMOS?

Passei vários anos dando meu curso *Light his Fire* para mulheres, antes de finalmente decidir organizar uma classe para homens. Minha razão inicial para a classe de homens foi a de atender a todas as mulheres que perguntavam: "Você não tem um curso para homens?" ou "Como você espera que eu faça este curso quando não há nenhum para ele?"

Adiei esse curso porque aceitava a crença comum de que os homens na verdade não estão interessados em melhorar seus relacionamentos, de que não havia como conseguir reunir um grupo de homens uma noite por semana para aprenderem como tratar suas mulheres. Pensei em fazer um seminário de um dia, depois um curso de cinco semanas, mas isso não passava dos planos. Era muito mais fácil adiar a idéia toda do que iniciar algo que me fazia ter tantas dúvidas.

Um dia, recebi um telefonema de um homem perturbado porque sua mulher queria o divórcio. Ela havia se apaixonado pelo médico com quem trabalhava no hospital. Nunca esquecerei sua voz quando, depois de explicar toda a situação, ele me perguntou: "E nós, como ficamos? Por que você não tem um curso para homens? Nós não contamos?" Pude sentir o sofrimento em sua voz e procurei confortá-lo. Mais uma vez, pensei vagamente que logo iria abrir aquela turma para homens.

Cerca de duas semanas depois, recebi outro telefonema, um desesperado pedido de socorro de um homem que tinha acabado de chegar do trabalho e encontrado a casa vazia. Sua mulher havia lhe deixado um bilhete explicando que ela e os filhos tinham ido morar com a mãe dela em outro estado. Ela chamara uma empresa de mudanças para tirar todos os pertences da casa e mantê-los guardados até que ela achasse uma nova casa. Ele tinha ouvido falar de meu curso e de alguns resultados incríveis e queria saber se poderia participar de uma turma feminina, uma vez que não havia turmas masculinas. "Farei qualquer coisa para tê-la de volta", chorava ele.

Dentro de mim, uma voz falou: "Ellen, o que está esperando? Faça o curso!" E disse automaticamente: "Isso não será necessário. A primeira turma masculina começa em três semanas".

Enviei cartas a todas as minhas ex-alunas anunciando a primeira turma masculina e oferecendo um desconto para seus namorados, maridos, amigos ou filhos. Decidi fazer um curso de cinco semanas, com aulas aos sábados, das dez ao meio-dia.

NENHUM SINAL DE VIDA

No dia 13 de maio de 1982, um ano depois do curso para mulheres, a primeira aula para homens estava pronta para começar. À medida que eles entravam, eu podia perceber uma sensação de desconforto permeando a sala. Procurei conversar com alguns enquanto esperávamos que todos chegassem, mas nenhum se mostrava receptivo; trinta e cinco homens, todos frios e indiferentes, todos desejando estar em outro lugar.

Enquanto me apresentava ao grupo e falava algo a respeito da minha formação e experiência, eu percebi que nenhum deles estava olhando para mim. Eles olhavam para seus cadernos, suas canetas, suas mãos, pela janela, para qualquer lado, menos para mim. Pedi a cada um que se apresentasse e contasse à classe por que estava lá. Dos trinta e cinco, cinco estavam lá porque haviam ouvido falar do curso e acharam que poderia ajudá-los. Os outros trinta haviam se inscrito devido a ultimatos, ameaças, persuasão e insistência. Portanto, a verdade era que a maioria não queria estar lá. Eles tinham ido lá para agradar a suas mulheres ou namoradas, para elas deixarem de aborrecê-los com isso.

Na metade da aula, percebi que eu estava tão pouco à vontade ensinando quanto eles me ouvindo. Quando fizemos um intervalo de quinze minutos, todos os homens, sem exceção, deixaram a sala para respirar um pouco de ar fresco. Eles correram para fora o mais rápido que puderam, deixando-me sozinha. Alguns começaram a fumar e a olhar para o estacionamento. Outros caminhavam de um lado para outro e os restantes olhavam para a rua. Ninguém conversava. Havia um silêncio completo. Era como se cada um tivesse o seu espaço e ninguém pudesse ousar invadir sua privacidade. Era exatamente aquilo que eu tinha feito em minha aula.

Consegui, de uma forma ou de outra, chegar ao fim da aula. Quando terminou, houve uma correria para a porta, sem despedidas, somente um sentimento de vazio na boca do meu estômago dizendo que eu havia feito um péssimo trabalho. Havia muitas diferenças entre as aulas para homens e para mulheres. As aulas delas sempre começavam com muito barulho enquanto cada uma se apresentava ansiosamente a mim e às colegas. Eu sempre precisava bater várias vezes no microfone para indicar que a conversa precisava parar, que eu estava pronta para começar. Nos intervalos, várias mulheres vinham imediatamente me fazer perguntas ou comentar algo que eu havia dito. Risos, expectativas e camaradagem ficavam evidentes em toda a classe. No final da aula, eu acabava ficando no mínimo mais uma hora, pois algumas sempre tinham perguntas, comentários e histórias para complementar aquilo que eu tinha exposto.

No sábado seguinte, saí de casa querendo estar em qualquer parte, menos naquela sala de aula. Para minha surpresa, vários homens haviam chegado cedo para conversar. Eles tinham pensado a semana inteira naquilo que haviam aprendido e tinham algumas idéias para trocar. Outros trouxeram artigos de revistas que apoiavam aquilo que eu havia dito, que poderiam me interessar. Alguns até começaram a conversar com aqueles que estavam sentados por perto. Veja só, finalmente, um sinal de vida!

Dali em diante, seguimos a todo vapor. As mesmas risadas, participação e camaradagem das classes femininas eram agora evidentes na classe masculina. Apenas levou mais tempo para que eles se sentissem à vontade. Eles tinham ficado nervosos e desconfiados, sem saber o que esperar, mas descobriram que não havia nada de ameaçador em minha aula, nem motivos para ficarem na defensiva. Eles nada tinham a defender, uma vez que eu não os estava atacando. Eu não estava dizendo que eles tinham errado durante toda a sua vida: estava simplesmente lhes dando uma base para uma melhor compreensão. Tratava-se apenas de uma aula para que cada um entendesse a mulher com a qual pretendia passar o resto da sua vida.

Creio que aprendi com aquela primeira turma tanto quanto os homens. Aprendi que eles são mais fechados que as mulheres. Levam mais tempo para se sentir à vontade com estranhos. São mais cautelosos e muito menos confiantes, especialmente quando se trata de discutir suas vidas privadas com pessoas que nunca viram. E o melhor de tudo foi que aprendi que não era má professora!

Desde aquela primeira turma há nove anos, tenho dado aulas para milhares de homens e descobri que cada aula é um maravilhoso desafio. Eles me mantiveram na linha. Consegui aperfeiçoar meu estilo de ensinar para ser mais direta e chegar mais depressa ao ponto. Os homens não aceitam generalizações com a mesma facilidade das mulheres; eles querem exemplos específicos. Em minhas aulas, os homens argumentavam e questionavam meu material inicial, assim como o apoiavam e enriqueciam. Fui forçada a crescer em minha capacidade como instrutora. Tive que aprender a apresentar minhas informações de forma mais clara e concisa, sem deixar de ser interessante. Serei eternamente grata a todos os homens que contribuíram para esse processo.

O DESAFIO

Quando viajei pelos Estados Unidos promovendo meu primeiro livro, *Emoções*, a reação maciça de homens de todas as posições foi muito positiva. Muitos deles, pela primeira vez em suas vidas, se deram ao trabalho de escrever (ou telefonar, caso eu estivesse sendo entrevistada na estação de rádio local) para dizer que apoiavam cem por cento aquilo que eu dizia. Nunca, em todos os anos em que venho dando meus cursos, tive uma reação negativa de um homem. Eles reagiram sempre da mesma forma:

"Como posso fazer com que minha mulher — ou namorada — leia isso?"

"Não posso acreditar no que estou ouvindo. Finalmente alguém está dando um quadro preciso daquilo que me fez falta durante a maior parte da minha vida."

"Depois de ouvi-la, compreendo por que enganei minha mulher e agora estou me divorciando."

Mas nem todos estavam tão frustrados. Outros homens escreviam ou telefonavam para dizer que estavam casados havia anos com mulheres maravilhosas que faziam com que se sentissem ótimos, que eles e elas eram exemplos vivos de relacionamentos amorosos. Eles confirmavam que suas mulheres haviam feito aquilo que eu ensinava.

Emoções tornou-se um *best-seller* nacional instantâneo; contudo, sei que havia muitas mulheres que relutavam em lê-lo, achando que se tratava de "mais um livro para mulheres". A reação delas era: "Você não tem um livro como este para homens? Por que sempre a mulher quem precisa descobrir como fazer um relacionamento dar certo?"

Em nossa sociedade, na qual um em cada dois casamentos termina em divórcio, um homem precisa estar tão interessado e comprometido quanto a mulher da sua vida em fazer seu relacionamento dar certo. Em minha opinião, um homem se preocupa tanto com a satisfação das necessidades da sua mulher como ela o faz com as necessidades dele. Que homem não gostaria de descobrir informações preciosas sobre o que "acende" a outra metade do seu relacionamento? Também os homens desejam saber como manter suas companheiras desesperadamente apaixonadas por eles.

Até agora, têm sido publicadas muito poucas informações exclusivamente para vocês, homens. Fico feliz em poder oferecer *Desejo*.

Este livro é para você, o homem da vida de sua mulher.

Por favor, não deixe sua vida pessoal jogada à sorte ou ao acaso. Você não faria isso com sua carreira. Se alguém lhe desse um programa fácil e passo-a-passo, mostrando exatamente como alcançar sucesso e riqueza em sua vida profissional, você iria segui-lo? É claro que sim. Estou lhe dando a mesma oportunidade em sua vida pessoal. Baseada em meus nove anos ensinando homens e mulheres de todas as idades e classes sócio-culturais, além de manter um caso de amor de vinte e quatro anos com o mesmo homem e ter três filhos maravilhosos que já se tornaram adultos, eu lhe direi tudo aquilo que você precisa saber para amar uma mulher da forma que ela merece ser amada.

Com algum tempo, esforço e reflexão de sua parte, você receberá grandes recompensas. Aqui estão alguns exemplos do que aconteceu com ex-alunos de meus seminários.

John relata: "Meus rendimentos aumentaram, como resultado direto da minha recém-descoberta felicidade com minha mulher. À beira de meu segundo divórcio, eu estava ganhando somente algumas centenas de dólares por mês. Depois de fazer seu curso, minha mulher e eu melhoramos como amigos e também como amantes. Passei a me sentir tão bem comigo mesmo, que minha renda subiu para alguns milhares de dólares por mês!"

Sua vida profissional está diretamente relacionada à sua vida pessoal. Quanto mais feliz você está em casa, maior a energia que tem para dedicar ao seu trabalho. Um mau relacionamento é exaustivo e drena as forças de que você precisa para ter sucesso. Também há muito mais razões para ganhar bem quando você tem na vida uma mulher excepcional!

Bob declara: "É espantoso como são necessárias oito horas por dia para fazer do meu trabalho um sucesso e bastaram alguns minutos por dia para reformular minha vida pessoal. Eu estava prestes a desistir. Achava que eu havia me enganado. Mulheres apaixonadas existiam apenas nos filmes. Minha vida doméstica era um pesadelo. Minha mulher só se preocupava com suas necessidades, com sua carreira, e não me dava absolutamente nada. Senti-me vazio e sozinho nos últimos três anos. Agora estou vivendo aquilo que julgava ser possível somente em minhas fantasias. Mal posso esperar para ir para casa e encontrar a mulher mais romântica do mundo!"

Jim acha que nada acontece por acaso na vida. Ele ouviu falar a respeito de *Light her Fire* durante dois anos, de diversas fontes, até que finalmente decidiu arriscar seu tempo e dinheiro e se inscrever no curso. "Lembro-me de sentar naquela classe de trinta e cinco homens e ser o único que não tinha um relacionamento sério. Tenho vinte e seis anos e até agora nunca havia achado que iria passar o resto da vida com qualquer mulher. Ver meus pais juntos em um casamento sem amor, cheio de raiva e acusações, havia feito de mim aquilo que eu considerava um solteiro convicto. Eu nunca achei que uma união entre duas pessoas pudesse trazer felicidade. Quando aprendi como era fácil viver com uma mulher que se interessasse por mim e me apoiasse, minha raiva e meu ressentimento das mulheres desapareceram. Com minha compreensão recém-adquirida, eu dei espaço para permitir que alguém entrasse em minha vida. Hoje estou prestes a me casar com uma mulher fantástica. Agora sei como evitar as armadilhas, uma coisa que meus pais nunca souberam."

Dan é outro exemplo evidente do que a compreensão e uma visão clara sobre o relacionamento de um casal podem fazer por você. "Eu achava que não merecia ser tratado com respeito e carinho. As três mulheres que tive haviam me tratado mal e eu aceitara. Era como se eu estivesse dizendo: 'Não valho nada; portanto, mereço aquilo que estou recebendo.' Era como uma profecia que se cumpria. Quando aprendi que é possível ter um relacionamento saudável com uma mulher, fui capaz de tirar de minha vida quem não merecia meu amor. Agora sinto-me livre e ansioso por encontrar alguém a quem possa amar e que me ame da maneira que mereço ser amado."

O último é Al, um recém-casado. Todas as semanas ele entrava radiante na classe. Ele estava lá a pedido de sua nova mulher, que havia feito o curso *Light his Fire*. Eu tinha a sensação de que os outros homens invejavam o entusiasmo que ele sentia em sua nova vida. Nada estava errado no relacionamento de Al. Todas as semanas ele dava exemplos do que ele ou sua mulher estavam fazendo para reafirmar tudo o que eu dizia. Ele era, para todos os outros homens da classe, um lembrete daquilo que eles podiam ter tido no início, mas haviam perdido em algum ponto do caminho. Ele revelava o que havia aprendido, dizendo: "Nunca acharei que aquilo que temos hoje será para sempre. Meu relacionamento exigirá esforços diários. Sei como manter minha mulher feliz, entusiasmada e compreensiva. Não quero ser o responsável por transformá-la em uma mulher fria, dura e desinteressada." Ele agradecia aos outros homens por "revelarem seus sentimentos mais profundos" e lembrá-lo de como era fácil supor que ela sempre estaria ao seu lado incondicionalmente, mesmo que essa suposição fosse completamente errada.

Os princípios que ensino também irão funcionar para você. Nos últimos nove anos tenho recebido centenas de cartas de mulheres felizes e satisfeitas, que se dispuseram a escrever e contar as mudanças miraculosas ocorridas com seus companheiros. Iniciarei cada capítulo com uma dessas cartas, para que você também possa ver a alegria e o entusiasmo que foram inspirados por alguns dos homens excepcionais que aprenderam a como despertar a paixão de suas mulheres.

Cara Ellen,

Quero que saiba que, pelo fato de Kurt ter feito seu curso, possuo hoje o mais precioso presente que já recebi dele. Para nosso décimo oitavo aniversário de casamento, ele mandou fazer um pôster intitulado "Por Que Amo Minha Mulher". Ele relacionou dezoito razões pelas quais me ama. Chorei a manhã inteira depois que recebi essa declaração de amor, vinda diretamente do seu coração. Pendurei-o em nosso quarto, para ficar perto de uma mulher que se sente como uma recém-casada. Obrigado pela mágica que você faz.

Com carinho,

Ellie

UM

Um Brinde às Suas Diferenças

UMA NOITE PARA SER LEMBRADA

Tudo começou com uma carta, escrita em fino papel cinza. O coração dela se acelerou com o suave perfume exalado pelo envelope. Ela abriu a carta lentamente, saboreando sua beleza, e sua surpresa logo se transformou em satisfação ao lê-la. Ficou completamente encantada com as palavras, que diziam que ela era a mulher mais desejável do mundo. Releu a carta muitas vezes, sem acreditar que poderia um dia receber algo tão romântico. Afinal, coisas assim só aconteciam em suas fantasias, em novelas e em filmes. A carta prosseguia, dizendo-lhe o quanto ela era preciosa para a própria existência dele, elogiando suas virtudes e dizendo que ela era inigualável. Ela era maravilhosa, interessada, linda e também inteligente. No final, ele a convidava para um encontro na sexta-feira às seis e meia. O endereço era muito familiar. Havia muitos anos que ela morava lá.

Durante toda a semana, ela só pensava como seria aquela noite especial. Sorria e cantarolava sem motivo aparente.

No dia combinado, quando ela chegou em casa, as luzes estavam apagadas e havia velas estrategicamente espalhadas pela casa. Um bilhete preso na escada dizia: "Você teve uma semana exaustiva e precisa ser mimada. Suba ao banheiro, onde um banho relaxante e um criado seu a aguardam para seu prazer." Seu coração batia cada vez mais rápido enquanto ela subia as escadas.

Ela abriu a porta do banheiro e olhou, sem acreditar no que via. Um banho de espuma estava preparado e havia pétalas de rosas por toda parte, flutuando na água, cobrindo o piso e enchendo o ambiente com uma suave fragrância. Lindos vasos cheios de azaléias, petúnias, orquídeas e narcisos haviam sido colocados aqui e ali, e no ar pairava uma música suave. Ele havia transformado um banheiro comum dela em um paraíso de sensual tranquilidade.

De repente, ela sentiu a mão suave dele em sua cintura e uma voz sussurrou em sua orelha: "Quero que você relaxe, que se descontraia. Fique algum tempo na banheira. Você merece. Depois vou lhe fazer uma massagem da cabeça aos pés."

Ela pensou: "Isto é obviamente um sonho. Não pode estar acontecendo. A qualquer instante, vou despertar."

Ela despiu-se lentamente e deslizou para dentro da banheira, fechando os olhos, ouvindo a música e deixando que a suave fragrância das flores a enchessem com enlevos de fantasia.

Quando ela finalmente saiu do seu banho, pronta para pisar no lindo e macio tapete de pétalas de rosas, a porta se abriu e o homem que ela conhecia há trinta e dois anos surgiu diante dela vestindo um quimono. Ele foi até ela e enxugou-a com uma toalha quente, friccionou-a generosamente com perfume e colocou um quimono igual ao dele sobre os ombros.

Ele conduziu-a para o quarto, que estava iluminado com velas e cheio de flores, e convidou-a para dançar. Ela derreteu-se nos braços dele e fechou os olhos, desejando que aquele instante nunca terminasse. Eles dançaram muito juntos, ao som de músicas suaves. Como conseguira descobrir todas as suas canções favoritas?

Depois de dançarem por algum tempo, ele a conduziu até a cama, onde havia champanhe gelado e um frasco de loção. Eles brindaram à sua sorte, à vida, à sua união, às suas diferenças e ele tirou os óculos dela e gentilmente retirou o quimono dos seus ombros. Sorrindo, ele esfregou a loção em suas mãos para aquecê-la antes de massageá-la lenta e suavemente da cabeça aos pés. Aquele homem magnífico murmurava palavras ternas o tempo todo, comovendo-a e fazendo seu coração bater por ele, o homem de seus sonhos.

Parece uma cena de cinema ou de novela? Pois não é. Esta é apenas uma das lembranças criadas pelos princípios deste livro que você aprenderá logo mais.

Os personagens da história acima são John, cinqüenta e sete anos, e Mary, cinqüenta e três. Eles estão casados há trinta e dois anos e têm quatro netos. John nunca havia feito nada parecido, embora sempre houvesse almejado algo mais do seu relacionamento. Durante anos ele havia sonhado que Mary, uma mulher muito tímida e inibida, criasse um clima diferente para fazer amor. Quando fez o curso *Light her Fire*, ele finalmente compreendeu que poderia tomar a iniciativa, poderia acender o desejo dela. Não teria mais que esperar que ela tomasse a iniciativa. Aprendeu que poderia ensinar a ela como soltar sua imaginação. Poderia ensiná-la a apreciar seu próprio corpo e a fina arte da sedução. Eram habilidades que ele possuía e poderia executar com grande facilidade, desde que ele se permitisse fazer isso.

John contou a toda a classe uma noite: "Eu nunca fui um bom planejador e estava ansioso para saber como ela poderia reagir, mas a reação de minha mulher valeu todo o tempo e esforço que dediquei àquela noite. É maravilhoso parar de desejar que uma mulher seja alguém que ela não é e amá-la simplesmente pelo o que ela é. Só queria ter feito isso trinta anos atrás."

UMA VERDADEIRA PARCERIA

Uma parceria completa com uma mulher só é possível quando ambos compreendem que um pode pensar e agir de forma diferente do outro, mas que ambos têm o mesmo valor e um deve respeitar a individualidade do outro. Sempre que você tenta fazer de uma outra pessoa uma cópia carbono de si mesmo, você perde. Sua companheira, destituída de seu valor próprio e de seus conhecimentos, deixa de contribuir para seu crescimento pessoal. A mulher da sua vida tem muitas lições a lhe ensinar, assim como você tem muitas para ensinar a ela.

Lembre-se, *se duas pessoas concordam a respeito de tudo, uma delas não é necessária ao relacionamento.*
Sou extrovertida desde que me entendo por gente. Fico animada quando pessoas estão à minha volta. Quando nos conhecemos, meu marido era mais introvertido e gostava de atividades que fizéssemos só nós dois. Como resultado, vivendo com ele todos esses anos aprendi a ser feliz com pessoas ou sem elas. Aprendi a gostar de ficar sozinha e a não me basear tanto em opiniões alheias. Por outro lado, ensinei meu marido a ser mais sociável e mostrei-lhe as vantagens de receber opiniões de outras pessoas.

A JORNADA SEM FIM

Quando iniciei meus cursos, eu sempre ficava surpresa quando homens ou mulheres com seus setenta anos se inscreviam neles. No primeiro dia, eu sempre fazia todos os participantes se apresentarem e explicarem, em poucas frases, por que haviam decidido fazer o curso. Muitos dos cidadãos idosos citavam as seguintes razões:

"Acho que ninguém é velho demais para aprender algo novo."
"Se não continuar crescendo, você morre, e ainda não estou pronto para partir."
"Querida, posso parecer velho por fora, mas aqui dentro ainda há um jovem que deseja que uma mulher se sinta atraída por ele."
"Todas as vezes que penso que sei tudo, aparece alguma informação que me sacode e mostra que sempre existe algo mais que posso aprender."

Nunca esquecerei George. Ali estava um jovem de setenta e cinco anos dizendo para mim: "Minha cara, vivo no Mundo do Lazer, onde há dez vezes mais mulheres do que homens. São muitas mulheres e tenho tão pouco tempo. Eu quero todas elas."
Minha resposta foi: "Seu diabinho travesso, boa sorte!"
Todos esses homens ainda estavam ansiosos por prosseguir na jornada sem fim da aprendizagem. O crescimento pessoal é um

processo que dura a vida inteira. Até mesmo homens com mais de setenta anos eram atraídos para meu curso, porque de algum modo eles sabiam que um homem que tem uma mulher ao seu lado consegue ter uma compreensão mais profunda de sua vida e se realiza mais do que se vivesse sozinho. Talvez esta seja a razão pela qual as estatísticas mostram que os homens casados vivem muito mais que os solteiros.

AS DIFERENÇAS LEVAM AO CRESCIMENTO

Não é por acaso, mas sim por desígnio, que os opostos se atraem. Muitos homens conseguiram um grande conhecimento pessoal por causa das maravilhosas esposas que tiveram.

Paul disse que não teria sido tão bem-sucedido como é hoje se não fosse por sua mulher Marsha. "Eu era do tipo lógico, prático e analítico. Marsha era uma sonhadora. Eu provavelmente ainda estaria trabalhando para alguém, se ela não tivesse me convencido de que minha capacidade e meu talento valiam mais do que eu pensava e de que eu poderia me permitir assumir riscos. Foi sua fé em mim que mudou minha atitude. Hoje possuo uma imobiliária com quatro escritórios e noventa corretores. Dez anos atrás, hipotecamos nossa casa e eu abri meu primeiro escritório. Sei que se dependesse de mim, eu nunca teria feito isso. Comecei como mensageiro e mudei muito com o apoio dela."

Ted disse que estava se tornando uma pessoa muito mais interessada pelos outros por causa da sua nova namorada. Ele percebeu que estava mudando apenas alguns meses depois de ter conhecido Alice. Ela era voluntária num hospital local e numa casa de repouso. Ted admitiu: "Quando conheci Alice, não acreditava que alguém trabalhasse tanto de graça. Achei que ela devia ser doida! Então ela convidou-me a acompanhá-la num sábado. Agora, eu também acabei me envolvendo! As pessoas que conheci eram muito interessantes, mas estavam solitárias demais. Naquele dia, ao sair compreendi que havia recebido muito mais do que havia dado."

Kirk disse: "Eu não teria desejado ser pai se não tivesse encontrado Betty. Ela havia ficado viúva muito jovem e tinha dois garotos, de um e três anos. Você poderia dizer que recebi uma carga. Eu nunca quisera ter filhos, porque minha infância havia sido terrível. Eu achava que não tinha sentimentos paternos. Agora tudo mudou. Acho que sou um bom pai para meus garotos. Adotei-os legalmente e não posso imaginar a vida sem minha família. Betty despertou em mim sentimentos que nunca imaginei sentir."

Creio que os opostos sempre se atraem: ela faz você se sentir completo e você faz o mesmo por ela. As pessoas são como argila. Há somente uns poucos anos nos quais você pode moldá-las, provavelmente os três ou quatro primeiros. Depois a argila endurece e mantém sua forma. Você pode tentar mudar sua beleza com um martelo e um cinzel, mas tudo o que conseguirá será provocar uma rachadura ou quebrá-la. Da mesma forma, você foi atraído por sua namorada ou mulher devido às qualidades dela. Você se entusiasmou com ela, por ser diferente de você. Sua admiração fez com que ela se sentisse maravilhosa. Sendo assim, por que tentar mudá-la?

Se você puder apreciá-la pelo que ela é e valorizar o que ela tem de diferente de você, ela desejará ser a melhor mulher do mundo para você. Não há nada que uma mulher não faça por um homem que a faz sentir-se bem consigo mesma.

DESTAQUE OS ASPECTOS POSITIVOS

Até agora você pode ter considerado alguns traços da personalidade dela como sendo maus, negativos ou ruins. Veja se pode mudar seu enfoque, dizendo: "Como alguém que ame realmente esta mulher vê os mesmos traços que começaram a me desagradar?"

Vou dar-lhe algumas sugestões; depois, você fará sua lista.

Negativo — Ela fala demais.
Positivo — Ela é muito cordial e deixa todos à vontade.

Negativo — Ela argumenta demais.
Positivo — Ela tem fortes convicções.

Negativo — Ela pensa que sabe tudo.
Positivo — Ela é de fato muito inteligente.

Negativo — Ela é muito presunçosa.
Positivo — Ela tem muita confiança em si mesma.

Negativo — Ela é despreocupada demais.
Positivo — Ela sabe realmente como tranqüilizar a todos.

Negativo — Ela é muito pão-dura.
Positivo — Ela está tentando poupar para nosso futuro.

Negativo — Ela gasta demais.
Positivo — Ela sempre procura melhorar nosso estilo de vida.

Negativo — Ela é excessivamente rígida.
Positivo — Ela é realmente muito organizada.

Negativo — Ela não consegue ficar parada.
Positivo — Ela tem muita energia.

Negativo — Ela é demasiado emotiva.
Positivo — Ela é muito sensível.

Está claro que não são os traços de uma mulher, mas a maneira pela qual você os vê, que determinará sua reação a eles.

TRANSFORME SUAS DIFERENÇAS EM ELOGIOS

Uma mulher precisa sentir-se amada, necessária e aceita por aquilo que é, e sentir-se admirada por aquilo que faz. Se você agir assim, será recompensado pelo amor, respeito, admiração e dedicação dela. Ela precisa receber esses presentes quase diariamente, para sentir a segurança de que necessita. Como você os dá? *Você os diz*. Seu custo — nada. Sua recompensa — uma mulher que, em troca, corresponde às suas necessidades.

Abaixo estão algumas áreas de conflito em potencial vistas de forma positiva.

Se ela gosta de estar com pessoas e você não, agradeça por ela ajudá-lo a não ser tão crítico em relação a todos.
Se ela é prática e você sonhador, diga-lhe como é maravilhoso ter uma mulher que o mantém com os pés no chão.

Se ela gosta de experimentar coisas e você é orientado para resultados, agradeça-lhe por ajudá-lo a desfrutar o processo e não necessariamente o produto final.

Se ela vibra com tudo e é cheia de vida, e você é "para baixo", agradeça-lhe por torná-lo uma pessoa mais positiva.

Se ela é comunicativa e você é um bom ouvinte, diga-lhe como é maravilhoso ter uma companheira tão interessante e extrovertida.

Se ela é espontânea e você é cauteloso, agradeça-lhe por ensiná-lo a ser menos metódico e a desfrutar o momento.

Se ela é aventureira e você é prático, agradeça-lhe por torná-lo menos receoso e cauteloso.

Se ela é otimista e você é pessimista, agradeça-lhe por lhe dar esperança e otimismo a respeito do futuro.

Se ela é atraente e você é austero, agradeça-lhe por lhe dar inspiração e ser uma mulher estimulante.

Se ela é responsável e você é despreocupado, agradeça-lhe por ajudá-lo a se tornar mais organizado e eficiente.

Se ela é imaginativa e você é mais realista, agradeça-lhe por ajudá-lo a se tornar mais criativo e divertido.

Se ela é perfeccionista e exigente para detalhes e você nem tanto, agradeça-lhe por ajudá-lo a colher mais dados antes de tomar decisões importantes e não chegar a conclusões com tanta facilidade.

Se ela é intuitiva e perceptiva e você toma as coisas pelo valor nominal, agradeça-lhe por ajudá-lo a ler nas entrelinhas e a aprender que algumas coisas não são simplesmente brancas ou pretas, mas melhor examinadas revelam significados mais profundos.

Se ela faz as coisas mais devagar que você, agradeça-lhe por fazê-lo "parar e sentir o perfume das rosas".

Se ela é mais orientada que você para a família, agradeça-lhe por lhe proporcionar segurança, conforto, lealdade e dedicação.

Se ela tem um vivo senso de humor, agradeça-lhe por fazê-lo rir e aliviar suas tensões.

Se ela partilha sua felicidade com os outros e é generosa, agradeça-lhe por ensiná-lo a não ser tão egoísta e possessivo.

Se ela se preocupa menos que você a respeito do futuro, diga-lhe que a aprecia por fazê-lo desfrutar o presente.

Se ela acredita em você mais que você mesmo, agradeça-lhe por lhe dar mais confiança em sua capacidade e ajudá-lo a se esforçar por mais.

Se ela é ambiciosa, agradeça-lhe por ajudá-lo a conseguir cada vez mais e a não se contentar com menos do que pode alcançar.

Diga-lhe que adora e aprecia de todo o coração quem ela é, sua essência básica. Faça com que ela sinta que é importante para você, que ela fez diferença em sua vida e que sem ela, você não poderia ser tão feliz ou satisfeito quanto é.

Vê como é importante ter alguém tão diferente de você? As forças dela são, normalmente, as suas fraquezas, e suas qualidades são aquilo de que ela necessita para crescer como pessoa.

POR QUE UMA MULHER SE APAIXONA

Uma mulher se apaixona devido à maneira como se sente quando está com você. Em sua maioria, as mulheres que tenho observado disseram que se sentiam mais belas, mais *sexy*, mais inteligentes, mais capazes e mais necessárias do que nunca quando aquele homem especial entrou em suas vidas.

Geri resumiu tudo, dizendo: "Quando me apaixonei, me sentia perfeita, como se fosse incapaz de errar. Pela primeira vez alguém me amava pelo que eu era e aquele era um sentimento glorioso."

Não destrua o brilho que descobriu quando ela se apaixonou por você.

Carol explicou: "Meu pai não era do tipo que faz elogios. Ele costumava dizer que eu tinha orelhas grandes e não tinha busto, o contrário do que deveria ser. É desnecessário dizer que cresci achando-me pouco atraente. Então surgiu Matthew e disse que adorava minhas pernas *sexy*, minha pele macia e meu lindo sorriso. Ele costumava dizer que eu iluminava os lugares por onde entrava. Sinto-me de cabeça erguida e autoconfiante por causa do meu maravilhoso marido."

Martha disse que se sentiu tola a maior parte da vida, porque sempre era um pouco mais lenta que seus irmãos e irmãs. "Ted me fez sentir que era um ser humano capaz. Todas as vezes em que eu começava a me autodepreciar, ele me fazia parar e me expressar de outra forma, tirando a parte em que eu me diminuía. Ele me dizia repetidamente o quanto eu era maravilhosa e inteligente. Ele me convenceu de fato que eu tinha mais valor do que pensava."

Jô cresceu com pais alcoólatras. Seu pai a agredia verbalmente e às vezes também fisicamente. Ela lembrou: "Bruce veio me buscar uma noite em que meu pai já estava bêbado. Ele estava praguejando e atirando coisas. Bruce foi até ele, encarou-o diretamente nos olhos e disse: 'Se você disser ou fizer mais uma coisa à Jô, eu lhe quebro a cara!' Naquele instante, senti que queria passar o resto da minha vida com aquele homem. Ele era meu valente cavaleiro. Depois de trinta e três anos, ainda sinto o mesmo. Ele nunca deixou de me proteger."

Bonnie se apaixonou por Roger, seu chefe. Ela era sua secretária executiva. "Quando fui trabalhar com ele, seu escritório estava um caos. Reorganizei e rearranjei tudo. Logo ele estava me levando a todas as reuniões de negócios e até começou a pedir minha opinião a respeito de contratos nos quais estava trabalhando. Ele realmente me respeitava e eu gostava disso, porque o respeito era mútuo. Estamos casados há onze anos e adoro sentir-me necessária. Ele ainda me consulta antes de tomar qualquer decisão final."

Desde cedo, Tina queria ajudar as pessoas carentes. Ela vinha de berço abastado e esperava-se que agisse como um membro respeitável de sua família. Quando ela anunciou que iria entrar para o *Peace Corps*, sua família ficou chocada. "Foi lá que conheci Ned, meu marido. Ele também era muito jovem e idealista, mas tínhamos o mesmo sonho. Ele me compreendia e eu adorava estar com alguém que tivesse as mesmas metas que eu. Hoje temos seis filhos adotivos excepcionais e não poderíamos ser mais felizes. Meus pais mal falam comigo."

Marla contou sua história. "Eu tive câncer e precisei remover um dos seios. Tinha apenas trinta e dois anos e achava que nunca encontraria um homem que pudesse me amar. Kent e eu começamos a nos encontrar, e quando chegou o dia inevitável, senti-me obrigada a lhe contar a verdade. Ele tomou-me em seus braços e disse: 'Você não acha que significa mais que isso para mim?' Nós nos casamos e posso dizer honestamente que me sinto *sexy* a despeito do que aconteceu. Tudo por causa do meu marido generoso, gentil e adorável."

Todas essas mulheres têm homens especiais em suas vidas, que aumentaram sua auto-estima. Não é de admirar que elas os elogiem e respeitem tanto.

ELA VALE
OITO VACAS

Li, há muitos anos, uma história que nunca mais esqueci. Seu título era "A Mulher de Oito Vacas". Era sobre Johnny Lingo, um jovem polinésio, que se apaixonou por uma jovem de uma ilha próxima. Ela havia sido degradada pelo pai até perder toda a autoestima. Naquela sociedade, quando um homem queria se casar, negociava com vacas. Se a jovem fosse comum, sem nada de especial, ele pagaria uma vaca ao seu pai. Caso ela fosse excepcional, pagaria três ou quatro vacas. As mulheres tinham grande orgulho pessoal pelo número de vacas que eram pagas por elas. Johnny poderia ter trocado facilmente uma vaca por aquela jovem, e seu pai ficaria feliz só por livrar-se dela. Em vez disso, ele ofereceu oito vacas, fato que chocou toda a vila. Quando lhe perguntaram por que oferecera tanto, ele disse que queria que todos, especialmente sua nova mulher, soubessem quanto ele achava que ela valia. Mais tarde, quando um dos moradores da vila foi visitar Johnny Lingo, não conseguiu acreditar em seus olhos quando viu a mulher dele. Ela havia deixado de ser aquela garotinha feia e tinha se transformado em uma das mais belas mulheres que ele já vira.

A baixa auto-estima é uma das razões mais comuns de depressão nas mulheres. Se você tratar sua mulher como um purosangue, ela corresponderá à altura. Se você der um grande valor à mulher da sua vida, garanto que ela irá fazer o máximo para merecer sua admiração. Se as pessoas o consideram muito, você não desejará desapontá-las. Temos uma tendência natural para tentar corresponder às expectativas delas. Por outro lado, se elas o diminuem, você não tem por que lutar.

É necessária uma grande quantidade de amor e ternura para fazer sua mulher revelar o que há de melhor nela.

No filme *Pasqualino Sete Belezas*, o personagem principal, interpretado por Giancarlo Giannini, diz: "Toda mulher tem dentro de si alguma doçura. Ela pode ser amarga por fora, como uma xícara de café com o açúcar no fundo. Ela precisa ser mexida para que a doçura chegue aos seus lábios."

A APROVAÇÃO DE UM PAI

Eu cresci sendo a "menininha do papai". Meu pai sempre usava essa expressão para me descrever. Ele veio da Europa e era padeiro. Trabalhando o dia inteiro e parte da noite, ele tinha pouco tempo para qualquer coisa, exceto dormir. Mas me lembro dos momentos preciosos que passávamos juntos; ele sempre me cobria de elogios e afeição. Costumava me colocar sentada no colo e cantar: "Você É Minha Alegria". Quando eu tinha oito anos, ele levou toda a família para as montanhas. Permitiram que meu irmão e eu fôssemos à boate do hotel com nossos pais. Quando a orquestra começou a tocar, meu pai tirou-me para dançar. Todos começaram a aplaudir e fizeram um círculo à nossa volta e ele me balançou em seus braços e colocou-me sobre suas costas. Apesar de ter na ocasião somente oito anos, ainda tenho uma lembrança vívida daquilo.

Foi somente depois que pesquisei material para a classe masculina que compreendi a importância que minha criação tinha para mim. A aprovação masculina é muito importante para uma mulher. Seu pai é o primeiro homem de sua vida que a dá ou nega. Eu tive tanta aprovação enquanto crescia, que não precisei de tanto reforço de meu marido. Contudo, muitas mulheres não tiveram pais tão amorosos quanto o meu e passam o resto de suas vidas em busca da aprovação que não receberam. Sim, você precisa preencher esse vazio. Se não o fizer, ela continuará procurando até encontrá-lo, pois não pode viver sem isso.

Portanto, a escolha é sua.

Você pode se concentrar em quem ela não é, naquilo que ela não realizou, no que não é capaz de fazer ou sempre faz de forma incorreta, em como ela é inferior e em como ela não está à altura das suas expectativas. Se você escolher este caminho, sua recompensa será uma mulher fria, amarga, cínica, assustada e absolutamente indiferente.

Se você optar por amá-la por quem ela é, dando valor aos seus pontos fortes, observando as pequenas coisas que ela faz, elogiando-a por suas pequenas realizações, reforçando suas qualidades e elevando seu valor como ser humano, sua recompensa será uma mulher que o adora, procura fazer tudo para lhe agradar, é apaixonada por você e nunca desejará viver sem você.

ATIVIDADE Nº 1

O quê? Lições de casa? Nada disso! De que adianta ler tudo isto sem que eu dirija seus conhecimentos para ações? A única maneira de você incorporar um novo comportamento é colocá-lo em prática, ver os resultados e descobrir por si mesmo os efeitos maravilhosos em sua companheira. Sim, isto exigirá tempo e esforço, mas você será recompensado com uma mulher amorosa, compreensiva e apaixonada que estará mais interessada por você e, por sua vez, dedicará mais tempo e esforço à satisfação das suas necessidades.

Trate de começar e observe a reação dela ao seu novo comportamento amoroso! Invista em algumas fichas, nas quais você poderá copiar os exercícios e ter lembretes à sua disposição. A maioria de nós passa muito tempo no carro ou em transportes coletivos, indo e voltando do trabalho. Faça bom uso desse tempo (é claro que se você estiver dirigindo, deverá fazê-lo nos sinais fechados). Tenha essas fichas em sua maleta ou no porta-luvas e leia-as com freqüência. Desta maneira, o novo comportamento passará a ser parte permanente da sua vida.

1. Nesta semana, certifique-se de dizer a ela ao menos uma vez que a adora como ela é.

2. Tome-a em seus braços e diga-lhe quanto valor ela tem como ser humano.

3. Examine as listas deste capítulo para ver quais dos traços dela você tem procurado mudar e tente vê-los sob um ângulo positivo. Faça com que ela saiba do que você gosta na personalidade dela. Reforce suas qualidades.

4. Observe as pequenas coisas que ela faz para você e diga-lhe que lhes dá valor.

Querida Ellen,

Eu precisava lhe escrever e contar o que aconteceu sexta-feira passada, porque sei que você irá gostar muito de saber. Numa festa no escritório de meu marido, eu estava elogiando seu curso para Willis, um dos colegas de Gary. Você não pode imaginar a cara dele quando comecei a descrever algumas das mudanças ocorridas com Gary e com nosso casamento de vinte e seis anos. Quando terminei, Willis disse, com um suspiro de alívio: "Todo o mundo no escritório acha que Gary está tendo um caso. Temos visto ele sussurrar e rir ao telefone, encomendar flores e doces e demorar muito para voltar do almoço." Eles não tinham idéia de que o caso que Gary estava tendo era comigo! Temos tido encontros durante o dia desde que ele fez seu curso.
Obrigada por contribuir para as fofocas no escritório!

Carinhosamente,

Jeanette

DOIS

Do Ponto de Vista Dela

QUEM PODE ENTENDER UMA MULHER?

Pergunte a um homem como deveria ser uma mulher perfeita e uma resposta freqüente será: "Quero que ela seja uma dama durante o dia e uma amante à noite." Pergunte ao mesmo homem o que ele acha que uma mulher deseja em um homem, e sua resposta com freqüência será: "Agora você me pegou. Quem consegue entendê-las? As mulheres são complicadas demais. Elas não sabem o que querem!"

Em *My Fair Lady*, Henry Higgins não conseguia entender Eliza; então, ele lhe perguntou: "Por que uma mulher não pode ser mais parecida com um homem?" Na verdade, ela não pode ser parecida com um homem porque é definitivamente diferente dele. Essa frustração é comum a muitos homens que gostariam que as coisas não fossem assim.

A lista a seguir é um bom começo para se desvendar o mistério, e para se entender como são complexas as necessidades de uma mulher:

* Ela quer ser sua prioridade máxima.
* Ela quer que você considere as necessidades dela acima das de qualquer outra pessoa.
* Ela quer que você pense que nenhuma outra mulher nem de longe é tão maravilhosa para você quanto ela.
* Ela quer que você fale bem dela aos amigos e à sua família.
* Ela quer se sentir orgulhosa por ser sua companheira.
* Ela quer que você prove seu amor.
* Ela quer que você a ache a mulher mais bonita do mundo.
* Ela quer que você ache excepcional o seu jeito de ser e tudo aquilo o que ela faz.
* Ela quer carinho e atenção naquele período especial de todos os meses em que suas emoções são regidas pelos hormônios.
* Ela precisa de lembretes diários de quanto você a ama, e espera que você os escreva.

Do ponto de vista da mulher, ela precisa acreditar que você está pensando nela constantemente e não vê a hora de estar novamente em seus braços. Pode ser apenas uma fantasia, mas com um pequeno esforço de sua parte ela pode se transformar em realidade. Você também pode juntar-se às fileiras dos grandes amantes, aqueles homens que conseguem transformar em realidade as fantasias de uma mulher.

O QUE DESEJAM AS MULHERES?

Ela quer estar bem no início de sua lista de prioridades, na posição número um. Ela quer significar mais para você do que seus amigos e colegas, seus clientes, sua secretária ou mesmo sua mãe.

Ela compara constantemente o tempo que você passa com ela com o tempo que passa com outras pessoas ou dedica a suas atividades.

Ela compara constantemente a energia que você dedica a ela com a energia que gasta com outras pessoas.

Ela compara constantemente o respeito que você tem pelos sentimentos dela com o respeito que tem pelos sentimentos de outras pessoas.

Bill contou que estava tão envolvido com atividades fora de casa que Lois mal o via. Ele participava de todos os comitês criados pela comunidade. "Sou um agente de seguros e a única maneira de desenvolver meu negócio é fazendo tantos contatos quanto puder", disse ele para defender-se.

Expliquei que, a menos que quisesse se tornar um agente de seguros bem-sucedido e *divorciado*, ele deveria passar mais tempo com sua mulher; ele precisava encontrar um equilíbrio entre o desejo de sucesso e o amor por ela. O que ele desconhecia, quando se inscreveu em meu curso, era que Lois estava começando a pensar em ter um caso com alguém que tinha aula de ginástica com ela.

Ela me disse em segredo: "Estou tão só. Bill nunca está em casa e agora apareceu Tom, a quem vejo pelo menos três vezes por semana. Saímos duas vezes para tomar café e acho que me sinto atraída por ele."

Logo depois que Bill fez meu curso, Lois mudou de academia e os dois passaram a fazer aeróbica juntos.

Milton finalmente compreendeu por que Maureen estava sempre se queixando. "Eu costumava chegar exausto do trabalho e despencava no sofá para ver TV. Se Maureen me pedia um favor, eu normalmente estava cansado demais e achava alguma desculpa para não ajudá-la. Mas se um vizinho ou amigo aparecesse, eu sempre tinha disposição para bater papo, dar risadas e tomar algumas cervejas. De algum modo eu encontrava energia para sair e beber com meus amigos às sextas-feiras, mas não para sair com minha mulher no sábado à noite. Maureen merece mais do que eu venho lhe dando. Eu estava passando o tempo com todos, menos com a mulher que amo."

Jack explicou a hostilidade que sua mulher sentia em relação à mãe dele. "Admito que minha mãe é muito controladora. Ela espera que eu a atenda imediatamente, sempre que ela me faz um pedido. Sempre foi assim. Sou o filho mais velho e, de algum modo, sinto-me responsável por ela. Não importa a hora do dia ou da noite, quando ela precisa de alguma coisa eu normalmente paro aquilo que estou fazendo para atendê-la. Fico envergonhado em dizer que uma vez, quando minha mulher e eu estávamos fazendo amor, minha mãe telefonou para dizer que a pia da cozinha estava entupida. Ao invés de dizer 'Eu ligo depois' — ou, melhor ainda, não atender ao telefone — eu fiquei ouvindo e dizendo 'Sim, senhora' e acabei dizendo que estaria na casa dela em meia hora. Em vez de lhe dizer para chamar o encanador, coloquei as necessidades dela acima das necessidades da minha mulher."

Anos atrás meu marido começou a fazer uma coisa maravilhosa, que ainda faz até hoje. Ele sempre diz à sua secretária: "Não quero ser interrompido se estiver em reunião; a única exceção é minha mulher. Não importa o que eu esteja fazendo; se ela ligar, passe a ligação." Com isso, você acha que me sinto importante, especial e amada? Pode apostar que sim! Sou mais importante do que qualquer outra pessoa no mundo. A propósito, ele sempre fica contente ao me ouvir e nunca senti que ele quisesse se livrar de mim. Ele sempre ouve tudo o que tenho a dizer.

Muitos homens agem de maneira fria e indiferente ao telefone quando suas companheiras ligam, como se estivessem querendo dizer: "Como você ousa telefonar? É melhor que seja importante. Neste momento, tenho assuntos mais prementes do que ouvir seus problemas." Não é de admirar que este tipo de homem volte para casa à noite e encontre uma mulher fria e amarga.

Ela quer confirmar constantemente o seu amor. É quase como se ela estivesse sempre perguntando: Quem você ama mais?

> Seu trabalho ou eu?
> Seus amigos ou eu?
> Sua mãe ou eu?
> Seus filhos ou eu?
> Esta casa ou eu?
> Seu passatempo ou eu?
> Seus clientes ou eu?

Nate, que estava separado de Marie, disse: "Nunca fiz com que ela se sentisse importante. Eu realmente confundia minhas prioridades. Eu punha meu trabalho em primeiro lugar, depois meus amigos, a seguir minha família e Marie vinha em último. Eu me esforçava para fazer com que todos os outros se sentissem especiais e achava que a 'boa e velha Marie' sempre estaria lá, esperando por mim. Bem, não estava, e agora irei colocá-la em primeiro lugar e ver se consigo reconquistá-la."

Lá pela quarta aula ele havia alcançado seu objetivo e disse que as coisas estavam melhores do que nunca para ele e para

Marie. Nate havia finalmente aprendido que nunca se deve descuidar do relacionamento com uma mulher.

NÃO HÁ COMPARAÇÃO

Nunca compare sua companheira com outra mulher, principalmente com sua mãe, sua ex-mulher ou uma antiga namorada. Para a maioria das mulheres, esta é uma causa importante de mágoa. Se você tiver uma ou duas receitas favoritas de sua mãe, deixe que ela as passe. Mas deve parar por aí. Pela mesma razão, nunca se refira de forma saudosa a outros relacionamentos antigos. Embora para você esses casos possam ter terminado há muito tempo, para ela a comparação será óbvia. Não espere que ela compreenda, porque é provável que isso não aconteça. Você só irá criar insegurança sem motivo para isso.

Um homem que quer recriar o passado está procurando problemas. Lembre-se, ela quer ser o número um na sua vida. É muito difícil sentir-se assim quando lhe é dado um modelo — sua mãe, ex-mulher ou uma antiga paixão — que ela acha que deve seguir.

Conrad confessou que sua mulher ficou furiosa logo depois do Natal. "Pensando agora, posso entender por quê. Eu tive a coragem de lhe dar de presente um livro inteiro de receitas da minha mãe. Até me dei ao trabalho de rotular com estrelas os jantares festivos. Na ocasião, não entendi por que ela chorou durante três dias. Depois do que aprendi no curso, sei como ela deve ter se sentido mal. Minha mãe era dona-de-casa em tempo integral e uma grande cozinheira. Bernice, minha mulher, trabalha oito horas por dia e está exausta quando chega à noite. A última coisa que deseja fazer é preparar um jantar especial quando chega em casa. Esta semana joguei o livro fora. Pedi desculpas a Bernice e disse que nunca mais iria compará-la com minha mãe. Afinal, Bernice tem muitos pontos positivos. Por que iria eu querer que ela fosse algo que ela não é?"

David cometeu um grande engano ao comparar Sharon à vizinha, Darla. Ele tinha ido beber com Eddie, marido dela, e eles começaram a falar de assuntos sobre os quais deveriam ficar calados. Eddie contou a David quantas vezes por semana ele e Darla faziam sexo e como Darla nunca o rejeitava. David voltou para casa e disse a Sharon, em tom de brincadeira: "Eu devia mudar para a casa ao lado — sujeito de sorte!" Sharon ficou tão magoada que começou a gritar: "Por que não vai? Pensei que tínhamos algo de especial e agora você vai tagarelar sobre nossa vida pessoal com os vizinhos e me compara com aquela mulher doentia, que passa mais tempo em consultórios médicos do que em casa! Ela não passa de uma hipocondríaca, e vocês se merecem!"

Eu nem quis pensar quanto tempo David iria passar na casinha do cachorro por causa daquilo.

Amy explicou que tinha uma carreira maravilhosa quando se casou com Rick e que essa era uma das coisas que ele mais admirava nela. Mas quando voltaram da lua-de-mel, a mãe dele lhe entregou uma lista de todos os parentes a quem esperavam que ela enviasse cartões de Natal. Ela contou à classe: "Quando vi os sessenta e cinco nomes e endereços de tias, tios, primos etc., eu quase chorei. Quando tentei explicar a Rick que nunca enviava cartões, nem mesmo à minha própria família, que aquilo era demais para mim, ele não entendeu por quê. Afinal, sua mãe sempre fizera aquilo, então o que havia de mais? Eu lhe disse que não era a mãe dele."

Toda mulher quer ser admirada por suas próprias qualidades em vez de ser comparada com qualquer outra mulher que você conhece. Trate-a como a verdadeira mulher número um da sua vida, permita que ela seja a mulher competente que realmente é, e você ficará surpreso com a rapidez com a qual ela irá se adaptar a esse papel.

QUE DIFERENÇA FAZ UM AMIGO

Tenho ouvido muitas vezes as mulheres dizerem: "Quando ele está com os amigos, age de forma completamente diferente do que quando estamos a sós." Alguns homens sentem a necessidade de projetar uma imagem de "machão" diante dos amigos. Eles não querem parecer dependentes ou preocupados com suas companheiras; assim, saem do comportamento habitual para parecer independentes e despreocupados. Eles não seguram a mão nem abraçam a mulher, nem exibem qualquer comportamento que possa demonstrar o quanto a amam. É um grande erro não mostrar a todos, inclusive a sua companheira, o quanto você a ama e como ela é importante em sua vida.

Joe admitiu a diferença entre seu comportamento quando estava a sós com sua mulher e quando estava com seus amigos. "Quando Agnes e eu estamos sozinhos, sou muito atento e amoroso. Mas é verdade, quando chegam meus amigos, eu mudo completamente. Se Agnes diz alguma coisa, eu procuro ignorá-la e continuar falando como se ela não existisse. Algumas vezes até fingi não tê-la ouvido ou fiz uma cara como que para dizer 'Dá para acreditar nela?' Sempre temos uma discussão depois que meus amigos se vão."

Catherine disse: "Quando Mike está com os amigos eu não fico por perto, porque costumava ficar irritada. Sempre que começava a falar, ele deixava de lado a palavra 'nós' e só usava 'eu', como se eu não fizesse parte da sua vida. Se eu tentasse participar da conversa, ele fazia uma observação sarcástica. Eu levava uns dois dias para perdoá-lo. Assim, hoje simplesmente saio de perto."

Mary disse que uma noite, ela e seu marido estavam caminhando abraçados. Quando surgiram dois amigos dele, ele largou-a como se ela fosse uma batata quente. "Fiquei chocada pelo fato de ele se mostrar tão pouco à vontade ao meu lado enquanto conversava com os amigos. Quando eles foram embora eu o questionei e ele disse: 'Eles não têm namoradas e não entenderiam.' 'Entender o quê?' perguntei. 'Que nos amamos?' Eu fiquei pálida!"

A mensagem deste comportamento para uma mulher é:

* Ele fica incomodado com a minha presença.
* Na verdade, ele não se importa comigo.
* Para ele, os amigos são mais importantes que eu.

A mensagem que você sempre deve querer passar é:

* Tenho orgulho de estar com você.
* Eu realmente me importo com você.
* Você é a pessoa mais importante da minha vida.

PROVE SEU AMOR

As mulheres querem que você prove seu amor de alguma forma tangível. O amor precisa realmente ser verbalizado e demonstrado todos os dias. Muitas vezes ela lhe pede pequenos favores, como coçar suas costas, trazer-lhe um copo d'água, parar numa loja a caminho de casa, pegar uma toalha, atender ao telefone ou telefonar quando você chega em algum lugar. Quando você reage à sua solicitação sem objeções ou desculpas, ela pensa: *Ele me ama.* Se, por outro lado, você reage com um "Estou muito cansado, é longe demais, estou muito ocupado", ela pensa *Ele não me ama.*

Portanto, na próxima vez em que ela lhe fizer um pedido, *atenda-o.* Lembre-se, provar seu amor sempre envolve tempo, dinheiro ou esforço extra para fazer com que ela se sinta especial.

PEQUENAS COISAS SIGNIFICAM MUITO

Eu estava num táxi e comecei a conversar com o motorista. Contei que estava trabalhando neste livro e ele disse: "Bem, eu sei o que as mulheres querem — que se gaste muito dinheiro com elas."

Como ele estava errado! Uma mulher é capaz de gastar muito dinheiro sozinha. Ela é perfeitamente capaz de comprar uma nova lavadora e secadora, ou uma mesa com abajur. Ela precisa que você prove seu amor com presentes pessoais, que lhe mostrem que você está disposto a gastar tempo e esforço exclusivamente por ela. Caso você ainda não saiba, varas de pescar, caixas de ferramentas, cortadores de grama ou equipamentos de camping não se qualificam como presentes românticos.

A seguir estão alguns exemplos do que as mulheres adoram receber.

* Flores — não custam tão caro
* Cartões — por favor, românticos e não engraçados
* Uma carta escrita por você
* Jóias
* Perfumes
* Uma caixa de música
* Um vestido que ela queria
* Uma camisola
* Bombons
* Um belo vaso de flores
* Uma placa com um poema romântico gravado

* Um enfeite de cerâmica que tenha um significado especial
* Um bichinho de pelúcia
* Uma noite em um hotel
* Um livro de poesia

Pode ser desafiador e divertido buscar um presente pequeno e barato e dá-lo de forma imaginativa. Depois que dei essa aula muitos homens, ansiosos por provar seu amor, tornaram-se criativos.

Gerald nos contou: "Kay, minha mulher, come cereal da marca *Total* todas as manhãs; fui ao supermercado e comprei duas caixas: uma de cereal *Total* e outra da marca *Especial K*. Embrulhei as duas juntas para presente e deixei para ela com um bilhete dizendo: 'Para minha Especial K, a mulher mais completa e Total que conheço.' Posso lhes dizer que minha chegada em casa naquela noite foi muito especial. Um gesto tão pequeno significou tanto para ela."

Rusty sai para o trabalho de manhã bem cedo. Na véspera ele foi a uma floricultura e comprou uma rosa e uma violeta. Na manhã seguinte, ele deixou as duas sobre seu travesseiro, ao lado da sua mulher que dormia, com um bilhete: "Mesmo trabalhando, fico pensando em você." Naquela noite ele foi tratado como um rei. "Sempre pensei que fosse preciso um monte de dinheiro para agradar uma mulher", disse ele, "mas aprendi que duas flores podem ser tão eficazes quanto um casaco de pele."

Cecil comprou uma pequena águia de cerâmica e prendeu a ela um bilhete que dizia: "Posso voar mais alto que uma águia com você ao meu lado" e deixou-a sobre a penteadeira, onde sua mulher certamente iria encontrá-la. Essa águia é um dos tesouros mais preciosos que ela tem.

Todos esses homens se surpreenderam com sua própria imaginação e criatividade. Os presentes que deram podem ter sido pequenos, mas o valor deles foi inestimável.

Seja lá o que você decidir dar a ela, certifique-se de que seja um presente completo. Dê sempre alguma coisa extra. Se for um vaso, ponha flores nele. Se for uma caixa de música, coloque um bilhetinho nela. Se for uma *bombonnière*, ponha bombons dentro. Se o presente puder ser embrulhado, embrulhe-o. As mulheres adoram abrir pacotes.

Mesmo depois de vinte e quatro anos de casada, ainda me lembro de nosso primeiro Dia dos Namorados. Meu marido tinha se esquecido. No princípio pensei que ele estivesse brincando, mas era verdade. Chorei o dia inteiro. Finalmente, lá pelas oito da noite, ele correu a uma loja e comprou uma *bombonnière*. Quando eu a vi chorei ainda mais, porque sabia que ele não tinha intenção de comprar nada. Além disso, eu estava fazendo regime e ele havia comprado uma *bombonnière*! (E nem se dera ao trabalho de colocar bombons nela!)

Meu marido vinha de uma família que não costumava dar presentes. Ele nunca viu seu pai comprar flores para sua mãe e por isso não pensava que aniversários e outras datas fossem importantes. Bem, para mim eram. São dias em que você dedica tempo para provar seu amor. Para mim e para muitas outras mulheres, o presente diz: "Você merece." Não dar um presente significa: "Você não tem valor."

Eu poderia ter procurado refletir sobre a situação e usar uma abordagem racional: a) Eu conhecia os hábitos da família dele; b) Sei que ele me ama; e c) Sei que sou realmente importante para ele, com ou sem presente. Tentei fazer isso, mas fui dominada por minhas emoções e acabei magoada, irritada e desapontada. Devo ter ficado fria e distante pelo menos uma semana, mas me derreti quando ele me tomou em seus braços e disse: "Prometo nunca mais esquecer o Dia dos Namorados." Ele manteve sua promessa e eu o amo ainda mais por isso.

Há cinco datas que você nunca deve esquecer e nesses dias especiais certifique-se de dar a ela uma coisa que seja um pouco mais extravagante. O homem que se esquece de qualquer uma dessas datas especiais destrói sua mulher. Aqui estão as datas:

Aniversário dela — Compre sempre alguma coisa especial da qual acha que ela vai gostar, ou que ela tenha pedido. Um dos meus alunos sempre enviava um cartão de agradecimento aos pais de sua mulher no dia do aniversário dela, dizendo o quanto estava grato a eles por tê-la. Esse é um homem atencioso. A propósito, os pais dela acham que ele é o melhor marido do mundo e aos olhos deles, ele nunca está errado.

Seu aniversário de casamento — Um cartão é obrigatório. Uma carta junto com o cartão, dizendo o que ela significa para você, é uma prova extra da sua dedicação. Neste dia é apropriado planejar uma fugida. Você deve fazer todos os arranjos, inclusive conseguir alguém para ficar com as crianças.

Dia dos Namorados — Um cartão e uma caixa de bombons, ou um arranjo de flores, dizem "você é minha namorada".

Natal ou Hanukkah — Esta é uma ocasião na qual todas as lojas estão cheias de sugestões de presentes e os vendedores são muito solícitos. Nesta época, todos os jornais e revistas trazem inúmeras idéias para presentes. Não é possível alegar falta de imaginação.

Dia das Mães — Há dois presentes que você precisa comprar neste dia. O primeiro é para sua mãe. Se você tinha deixado esta tarefa para sua mulher, tome-a de volta e assuma plena responsabilidade. Não há nada mais insultuoso para uma mãe do que receber um cartão assinado pela nora em seu lugar. Sua mulher pode mandar um cartão separado para a sogra dela, mas não lhe dê o encargo de comprar o presente. Embora sua mulher possa não ter consciência disso, quando ela se responsabiliza pelas suas obrigações, o ressentimento vai se acumulando a cada ano.

O segundo presente é, evidentemente, para sua mulher, a mãe dos seus filhos. Uma mulher sente muito prazer quando seu marido inicia este ritual quando nasce o primeiro filho. Quando o bebê é levado até ela com um presente, e a seguir você lhe dá o seu, rara é a mulher que não fica com os olhos cheios de lágrimas. Quando as crianças atingem a idade escolar, você não precisa mais se preocupar com os presentes que elas darão. Toda professora dedica algumas horas das aulas de artes à confecção de um presente especial para a mamãe. Que mãe não tem o prazer de exibir aquele objeto de argila ou desenho feito para ela pelas mãos de um filho pequeno? E que mulher não se delicia por ter um marido que sabe o quanto ela é maravilhosa e lhe dá um presente para simbolizar o quanto seus filhos são felizes por ter uma mãe como ela?

Outra ocasião apropriada para presentes é o nascimento de um filho. A mulher acabou de passar por nove meses de gravidez, um período sacrificado. Ela merece um presente que diga: "Estou muito grato por este milagre que trouxemos para nossas vidas." Um bracelete ou pendente com um adorno infantil será ótimo. Uma camisola confortável para usar no hospital também será bem-vinda.

Já que estamos falando em hospitais, em qualquer ocasião em que sua namorada ou mulher estiver se recuperando de uma cirurgia e precisar permanecer internada, um presente será definitivamente apropriado e bem-recebido.

Lembro-me até hoje do arranjo de flores que meu marido enviou ao meu quarto no hospital depois que fui operada. A beleza e o perfume daquelas flores me deram horas de prazer. Não se pode fazer quase nada a não ser olhar depois de se sofrer uma cirurgia e não há nada mais deprimente do que um quarto estéril de hospital. Assim, as flores que meu marido enviou foram um enfeite bem-vindo. Todas as enfermeiras que entravam comentavam a beleza do arranjo. Uma delas disse: "Puxa, você tem certamente alguém que a ama." Aquilo fez com que eu me sentisse segura e feliz, dois bons sentimentos que ajudaram a acelerar minha recuperação.

Se sua companheira estiver doente em casa, pequenas coisas poderão significar muito. Matt, um jovem com pouco mais de vinte anos, queria fazer alguma coisa por sua namorada depois de ouvir minha aula sobre presentes. Ela estava em casa se recuperando de um acidente de esqui. Aqui está o que lhe recomendei:

Telefonar ao menos duas vezes por dia.
Uma caixa de bombons.
Algumas das suas revistas favoritas.
Fitas cassete para ela ouvir.
Vídeos de comédias. Você pode comprá-los ou alugá-los com facilidade.
Papéis de carta bonitos, para que ela possa escrever para amigos. Ele também incluiu uma bela caneta e selos.

Ele transformou-se no herói dela! Ela não se cansava de contar às amigas que homem especial ele era e como ela era sortuda por tê-lo. Eu diria que foi um bom retorno para o investimento dele.

ESCOLHA VOCÊ MESMO

Qualquer que seja a ocasião, compre você mesmo o presente. Sei que existem muitos serviços de compras, inclusive secretárias, que podem fazer isso por você, mas se sua companheira descobrir que não foi você quem comprou, ficará muito magoada.

Saul contou a seguinte história: "Para mim o dinheiro não é problema, mas o tempo é. Sou cirurgião e estou sempre muito ocupado. Um ano, decidi usar um serviço de compras para o aniversário da minha mulher. O serviço escolheu um anel, que poderia ser adquirido a bom preço, e me informou que seria um presente muito pessoal e apropriado. Eu concordei. Minha mulher ficou felicíssima quando abriu seu presente e passou a usá-lo o tempo todo e a mostrá-lo a todas as amigas. Seis meses depois, ela foi a um almoço e a mulher que estava ao seu lado tinha um anel igual. Quando voltei para casa naquela noite, ela me contou, com lágrimas nos olhos, o que a mulher havia dito: 'Acho que seu marido utiliza o mesmo serviço de compras que o meu. Todos os meus presentes vêm de lá.' Minha mulher nunca mais usou aquele anel e eu aprendi uma valiosa lição. O tempo que dedico para escolher um presente para ela significa mais que o presente em si. Nunca mais irei ferir seus sentimentos dessa maneira."

Como resultado de minha aula sobre presentes, Tyrone tem hoje confiança para comprar sozinho presentes para sua mulher, mesmo os mais íntimos. "Eu sempre quis comprar uma camisola para ela, mas ficava com vergonha de entrar no departamento de lingerie. Depois que Ellen descreveu como isso podia ser divertido, a despeito do embaraço que eu pudesse sentir, finalmente decidi fazê-lo. Fui a uma loja de departamentos distante da minha casa, para que não pudesse ser reconhecido (Eu ainda não era *tão* corajoso!), estacionei o carro, respirei fundo e repeti para mim mesmo: 'Isto pode ser divertido e irá significar muito para minha vida.' A vendedora foi muito solícita e quando finalmente me decidi quanto à camisola que desejava, ela olhou para mim e disse: 'Sua mulher tem realmente sorte por ter um homem como o senhor. Meu marido nunca faria isso.' A mulher que fazia os embrulhos para presente também ficou impressionada. Ela acenou a cabeça e disse: 'Ela certamente tem muita sorte.' Saí da loja orgulhoso de mim mesmo, cheio de autoconfiança.

"Minha mulher explodiu de alegria quando abriu o pacote. Ela vestiu imediatamente a camisola e ficou desfilando para mim. Tivemos uma tarde maravilhosa. Aquela camisola foi apenas o começo de todo um novo guarda-roupa que ela irá ganhar."

DIGA ALGUMA COISA, NOTE TUDO

Depois de vinte e quatro anos de casamento, Doris queria se divorciar. Greg, seu marido, ficou chocado quando ela lhe disse isso, sentou-se, mostrando-se aturdido e perguntou : "Por quê?"

Ele contou o que ela respondeu: "Doris caminhou até mim, cobriu meus olhos com suas mãos e perguntou: 'De que cor são as flores no papel de parede da cozinha?' Minha primeira reação foi dizer: 'Você está louca? Como vou saber? O que isso tem a ver com você querer o divórcio?' Quando ela saiu aborrecida da sala, comecei a pensar. Eu morava naquela casa havia nove anos e, por incrível que pareça, realmente não sabia de que cor eram aquelas flores. Eu estava completamente esquecido da maior parte das coisas que não envolvessem meu trabalho. Lá eu prestava atenção aos mínimos detalhes. Não só eu havia parado de notar minha própria casa, mas também, em algum ponto daqueles anos, havia deixado de notar minha mulher."

Notar uma mulher faz com que ela se sinta viva e importante para você. Quando ela se sente como se fosse invisível, morre uma pequena parte do amor que ela sentia no começo.

Quando surge este tipo de situação, muitos homens acham que nada disseram para perturbar sua companheira e não conseguem compreender por que ela está se mostrando distante ou irritada. Ela está agindo dessa maneira porque você não disse *nada* e não notou *nada* quando ela fez mudanças, esforçou-se para parecer bonita ou fez um esforço extra para agradá-lo.

Serena concordou com muitas das mulheres que expressavam as mesmas preocupações em uma das aulas. "Marlin nunca nota quando vou ao cabeleireiro. Se eu ficasse careca, acho que ele não iria notar a diferença."

Paula acrescentou: "Ted nunca comenta minha aparência, nem mesmo quando nos vestimos para sair."

Sandy reclamou que nem mesmo quando prepara uma refeição especial ela recebe um elogio.

Um de meus alunos me passou uma maravilhosa citação de Alberto Giacometti, o escultor do século vinte. "Olhar para o mesmo rosto todos os dias do ano e nunca deixar de descobrir algo de novo nele é a maior das aventuras e muito maior que qualquer jornada de 'volta ao mundo'."

Você precisa tomar uma decisão consciente de notar a mulher da sua vida e, a seguir, expressar sua aprovação ou admiração com um elogio. Se está pensando que ela já sabe que você gosta da aparência dela, de como ela cozinha ou que se orgulha dela, isso não basta. *É preciso verbalizar isso.* Não dizer nada sempre é tomado como uma indiferença, nunca como um elogio.

Quando uma mulher tem que lhe perguntar se está bem, ela já está pensando: "Ele não está gostando", ou fica magoada por você não ter notado. Se tiver que perguntar se você gostou do jantar ela já estará pensando: "Ele não gostou", ou ficará aborrecida por você não ter notado como ela se esforçou para agradá-lo.

Não deixe se passar um dia sem que você tire algum tempo para notar aquela mulher maravilhosa. Faça todos os dias um comentário positivo de alguma coisa que ela fez de suas qualidades ou de sua aparência física.

O ELOGIO DE CINCO SEGUNDOS

Muitos homens disseram que nunca viram seu pais elogiarem suas mães e que eles também nunca receberam nenhum elogio. Sei que sempre é difícil dar aquilo que não se recebeu, mas você precisa tomar uma decisão consciente de fazer isso de qualquer maneira, porque significa muito para ela.

Ryan disse: "Não é que eu não pense em coisas agradáveis. É que não reservo tempo para dizê-las."

Robert disse: "Realmente não sei o que dizer para que não soe falso."

Em meu curso, ensino aos homens como fazer um elogio. Para alguns isso pode ser elementar, mas muitos simplesmente não aprenderam o que uma mulher quer ouvir. Ao fazer um cumprimento, você precisa ser descritivo e específico. Generalidades são adequadas para estranhos, mas não para a pessoa mais importante da sua vida. Isso requer um pouco de prática, mas sei que você pegará o jeito depois de tentar algumas vezes. E o que receberá em troca valerá seu esforço extra. Às vezes, um elogio de cinco segundos faz com que ela se sinta maravilhosa por quatro horas. Tudo o que você precisa fazer é ser mais generoso com as palavras que dirige a ela.

Declaração Genérica:

* Você está bonita.

Mude para:

* Uau, esse vestido vermelho fica lindo em você. Ele destaca sua fantástica silhueta.
* Você fica muito bem de rosa. Faz sua pele brilhar.
* Gosto muito do comprimento desse vestido. Ele mostra suas pernas sensuais.
* Você está maravilhosa com essa roupa. Todos os homens na festa ficarão com inveja de mim.

Declaração Genérica:

* O jantar estava bom.

Mude para:

* Querida, o jantar estava maravilhoso. O purê de batatas estava muito cremoso e o assado estava delicioso.

Ou: * Este foi o melhor frango frito que já comi. Não existe um restaurante que se compare com você.
* Muito obrigado por ter tido todo esse trabalho. O jantar estava ótimo. Sou o homem mais sortudo do mundo por ter casado com uma cozinheira tão maravilhosa.

Declaração Genérica:

* Adoro sexo.

Mude para:

* Você é tão *sexy*. Você realmente me excita.
* Você é a mulher mais excitante do mundo. Sou feliz por tê-la.
* Sinto-me tão completo com uma mulher como você ao meu lado!

* Você tira meu fôlego. Você é a amante mais maravilhosa que um homem poderia ter.
* Segurá-la em meus braços é como estar no paraíso. Você é tão gostosa!

O que estou querendo dizer é que se dedicar um pouco mais de tempo para fazer a ela um elogio mais completo, sua mulher se sentirá mais completa. Quando ela lhe pergunta se você a ama e sua resposta é "Sim", pense como teria muito mais significado dizer "Amo você mais que a própria vida. Não consigo imaginar viver sem você. Você é tudo para mim."

Na semana seguinte à minha apresentação sobre a arte de elogiar, Wayne chegou para a aula entusiasmado com sua nova habilidade. Ele explicou que havia planejado com Becky, sua mulher, um fim-de-semana fora. Quando eles saíram na sexta-feira à tarde, Becky estava exausta e deprimida. Ela passara a semana cuidando do filho com gripe, seu pai estava se recuperando de uma cirurgia e sua melhor amiga estava se divorciando. Wayne disse que se não tivesse tido a aula, ele teria ficado irritado com ela por estragar a viagem com sua atitude de autopiedade. "Em vez disso", disse ele, "parei o carro no acostamento, desliguei o motor e lhe fiz uma porção de elogios. Disse que nossos filhos eram os mais felizes do mundo por terem uma mãe como ela, que seus pais tinham sorte por terem uma filha atenciosa e amorosa como ela, e que eu era o homem mais feliz do mundo por ter uma mulher tão maravilhosa. Disse que ela era bonita e inteligente. Continuei os elogios por uns dez minutos." Ele contou aos outros homens na sala que em troca daqueles dez minutos que dedicou a ela, ele recebeu uma mulher que lhe proporcionou horas de prazer. "Conseguimos nos concentrar um no outro durante todo o fim-de-semana", disse radiante.

Algumas outras coisas às quais você deve ser extra-sensível são:

* O medo da mulher de ficar velha e menos atraente para você. Quando lhe mostra uma nova ruga no rosto, ela adoraria ouvir que está ficando cada vez mais bela a cada ano que passa.
* Se ela está procurando melhorar, voltando à escola ou aprendendo uma nova habilidade, seria muito bom que ela ouvisse você dizer o quanto a admira.

* Se ela está tentando superar um problema como comer em excesso ou fumar, ela adoraria ouvir como é especial por procurar melhorar.

Em outras palavras, aproveite todas as oportunidades para colocá-la "lá em cima". Nunca a puxe para baixo. Por quê? Porque uma mulher que se sente bem consigo mesma está automaticamente motivada para satisfazer suas necessidades, dar atenção aos seus sentimentos e tentar agradá-lo. No final, vocês terão mais harmonia em suas vidas.

UMA SEMANA DE DOAÇÃO

É impossível, até mesmo para o homem mais distraído, deixar de notar que todos os meses sua companheira exibe um comportamento estranho, que não parece ocorrer o resto do tempo. Quando perguntei aos homens em minhas aulas o que haviam observado neste contexto, as respostas mais comuns foram as seguintes:

"É como um relógio. Ela fica furiosa por alguns dias e depois volta ao normal."
"Eu colocaria da seguinte maneira. Se em nosso primeiro encontro ela tivesse agido da maneira que age quando está prestes a menstruar, não teria havido um segundo encontro."
"Minha mulher reage de forma muito emocional a qualquer coisa que eu diga. É a única ocasião em que ela me acusa de não amá-la."
"Ela se torna irracional; não é possível falar com ela."
"Sei quando está chegando, porque ela chora muito."
"Ela não consegue enfrentar a vida."
"Ela me deixa louco."

Uma noite, durante a aula, Reed me perguntou se eu sabia a diferença entre uma mulher com tensão pré-menstrual e um terrorista. Quando eu disse que não, ele sorriu e disse: "Com um terrorista é possível negociar."

Você pode se imaginar sentindo-se ótimo um dia, achando que tudo na vida está dando certo, que você não tem preocupações nem problemas para resolver, e então, de repente, você fica com uma terrível enxaqueca e mal pode enxergar, seu abdome incha e você fica tão exausto que mal consegue sair da cama? Acrescente tonturas, cólicas e enjôos, e você começará a ter uma idéia daquilo que uma mulher passa todos os meses. O que acabei de descrever é a SPM, Síndrome Pré-Menstrual. Não é à toa que ela foi rotulada de "a maldição".

Por mais difícil que fique lidar com ela, essas são as épocas em que ela necessita de mais amor, ternura, compreensão e atenção da sua parte. Sua vez chegará algum dia, quando você estiver se sentindo péssimo, com uma gripe ou com pressão alta. Se você aprender a cuidar dela nessas épocas de extremo estresse, ela fará o mesmo por você. Por outro lado, se você ignorá-la ou, pior ainda, disser algo como "Vou ficar longe, você está péssima", ela não irá esquecer e você terá seu troco! Ela tem a memória de um elefante.

Quer você esteja com sua atual companheira ou a troque por outra, você ainda estará com uma *mulher*. Todos os meses, ao menos durante uma semana, ela irá passar por esses sintomas, com maior ou menor intensidade. As menores coisas que você disser ou fizer poderão provocar reações anormais e causar a ela grandes perturbações emocionais.

Aqui estão as coisas que sugiro que você faça:

Ofereça-se para preparar o jantar, leve-a a um restaurante ou leve comida pronta para casa.
Faça-lhe muitos elogios e dê vários sinais de admiração.
Convide-a para ir ao cinema ou alugue filmes e permita que ela "descanse".
Não faça solicitações extras durante essa semana. Cuide sozinho dos telefonemas e das compras.
Esforce-se para ajudar mais, encarregando-se das crianças. Ofereça-se para ficar cuidando delas e encoraje-a a fazer o que desejar, seja ir às compras ou relaxar na banheira.

Um relacionamento amoroso significa que algumas vezes você dá cem por cento de si mesmo e, naquele momento, pode receber muito pouco em troca. Mas os papéis se invertem. De repente você poderá se ver sem nada para dar, e será ela quem lhe dará cem por cento dela. É assim que nos equilibramos mutuamente.

Lembro-me de minha mãe cuidando do meu pai, satisfazendo todos os seus caprichos. Meu irmão e eu estávamos casados, então toda a atenção que ela costumava nos dar ia para meu pai. Pouco antes da morte dela, há alguns anos, vi pessoalmente como sua dedicação estava sendo retribuída. Ela estava com problemas cardíacos e ficava extremamente cansada a maior parte do tempo. Fiquei surpresa ao ver meu pai cuidar dela. Ele lhe levava os remédios ou um copo d'água, servia-lhe o jantar, lavava a louça, ajudava-a a se vestir e fazia o possível para que ela se sentisse bem.

Quando comentei que aquilo era muito bonito, ele disse: "Eu penso assim. Ela cuidou de mim durante muitos anos; agora é minha vez."

Desde então, nunca tive qualquer dúvida a respeito do quanto meu pai amava minha mãe.

Maurice era um homem encantador com quase setenta anos, que se inscreveu no curso para homens por prazer. Ele e Mabel estavam casados havia quarenta e oito anos. Ele contou à classe que "o período menstrual de Mabel normalmente durava duas semanas, e fizemos um pacto logo que nos casamos. Concordamos que, como havia quatro semanas em cada mês, eu cuidaria da maior parte das coisas durante duas semanas e ela reassumiria o controle nas outras duas". Todos rimos quando ele disse: "É claro que eu mal podia esperar pelas duas semanas em que ela se sentia bem novamente. Eu não gostava de lavar roupas, comprar comida e outras coisas, mas fazia assim mesmo."

Dar e receber é o que torna um relacionamento tão compensador. Mesmo que algumas vezes não pareça, você sempre receberá aquilo que dá. Amar e ser amado são as dádivas mais preciosas da vida e devem ser valorizadas acima de tudo.

EXPRESSE SEU AMOR

Muitos homens não dizem "eu te amo" com muita freqüência, ou simplesmente nunca dizem, porque pensam: "Ela sabe que eu a amo. Por que tenho que lhe dizer?" Uma mulher precisa ouvir "eu te amo" no mínimo três vezes por dia. Normalmente, quando faço esta afirmação os homens e as mulheres que estão bem casados há muitos anos concordam imediatamente.

Herb disse: "Estou casado há quarenta e três anos e não posso me imaginar saindo de casa de manhã sem beijar Bess e lhe dizer 'Eu te amo', coisa que também faço à noite antes de dormir. Também falamos pelo telefone várias vezes por dia e sempre nos despedimos com um 'Eu te amo'."

Howard, que estava prestes a se casar, disse: "Nem sei quantas vezes por dia dizemos 'Eu te amo'."

Lowell disse que Karen acabou rompendo com ele porque ele nunca dizia "eu te amo". "Isso a deixava louca. Eu sempre lhe dizia que para mim era difícil, porque eu vinha de uma família na qual ninguém dizia nada, mas não era uma boa desculpa. Hoje eu gostaria de ter mais uma chance."

Muitas pessoas usam o passado como desculpa para arruinar o presente. Você precisa tomar uma decisão consciente de amar alguém de forma que faça essa pessoa sentir-se bem. Isso pode não ser importante para você, ou pode ser difícil, mas se a mulher da sua vida necessita ouvir essas palavras, e esse pedido tão simples lhe for negado, ela irá pensar: "Será que eu quero passar o resto da minha vida com alguém que me faz sentir tão vazia?"

Diga-lhe muitas e muitas vezes essas três palavrinhas que tanto significam para ela: "Eu te amo." Ela nunca se cansará de ouvi-las.

ATIVIDADE Nº 2

1. Escreva-lhe uma carta de amor esta semana. Diga-lhe o quanto ela significa para você. Recorde alguns momentos maravilhosos que passaram juntos. Envie a carta pelo correio; é mais romântico.

2. Eloqie-a diante de outras pessoas esta semana. Deixe que ela escute você falar a alguém como tem sorte por ter essa mulher em sua vida. No momento ela poderá ficar encabulada, mas irá amá-lo por isso.

3. Prove seu amor com alguma coisa tangível. Faça um esforço. Sacrifique tempo ou dinheiro para lhe mostrar como ela é especial e única.

4. Se ela lhe pedir um favor, faça-o sem quaisquer objeções.

5. Faça comentários ao menos duas vezes esta semana sobre sua beleza física. Ache alguma coisa na aparência dela que você considera atraente e faça com que ela saiba disso. Lembre-se de ser descritivo e específico.

6. Faça um comentário elogioso ao menos duas vezes esta semana por coisas que ela fez. Preste muita atenção a tudo o que ela fizer por você e reconheça isso verbalmente.

7. Seja mais atencioso naquele período especial do mês.

8. Ligue ao menos uma vez por dia para lhe dizer: "Eu te amo."

Cara Ellen,

Sua aula sobre comunicação salvou nosso casamento. Creio que foi por volta do nascimento do nosso segundo filho (temos quatro) que Justin passou a se dedicar inteiramente a conseguir segurança financeira para nossa família. Ao mesmo tempo, eu estava até o pescoço com fraldas, brinquedos e panelas. Perdemos completamente o contato um com o outro. Passaram-se dias, semanas, meses e finalmente anos e vivíamos na mesma casa como dois estranhos. Depois de assistir à sua aula, Justin sugeriu que saíssemos para uma caminhada todas as noites para nos conhecermos novamente. Ellen, estou novamente apaixonada por meu marido. Eu havia esquecido como ele era bondoso, gentil e amoroso e ele havia esquecido como eu podia ser engraçada e espirituosa. Sinto-me a mulher mais feliz do mundo por ter tido uma segunda chance para amar o mesmo homem com quem tenho vivido há doze anos.

Com carinho,

Loretta

TRÊS

Escute Com Todo o Seu Coração

UM FALA, O OUTRO ESCUTA

Em nove anos de cursos para homens e mulheres, não consigo me lembrar de um homem reclamar por sua mulher não conversar com ele o suficiente. Na verdade, sempre ouço o oposto. "Ela nunca pára de falar."

Meu marido consegue resumir um filme de duas horas em um minuto. Eu precisaria de no mínimo uma hora para isso. Até hoje ele não entende como posso ir almoçar com uma amiga e passar três horas falando. Ele diz muitas vezes: "Não compreendo sobre o que vocês podem falar três horas, quando acabaram de se ver no último fim-de-semana."

No final de cada aula para mulheres, eu costumo alertá-las de que quando seus companheiros perguntam como foi a aula, eles não querem uma descrição detalhada, ponto por ponto. Tudo o que eles querem são algumas frases curtas que resumam o que aconteceu. Devido ao seu entusiasmo, as mulheres têm a tendência de ir para casa, fazê-los sentar-se e lhes dar uma explicação palavra por palavra de cada minuto da aula. Essa tendência, essa necessidade de explicar mais do que o necessário, é básica para praticamente todas as mulheres.

Tenho muito mais necessidade de falar do que meu marido. Eu falo em qualquer lugar, com qualquer um. Não sou nem um pouco seletiva. Quando desço de um avião, já fiquei amiga do passageiro que estava ao meu lado. Falo com as pessoas nas filas de cinemas, na sala de espera do médico, em supermercados e estacionamentos. Imagino que há muitas histórias por aí e quero conhecer tantas quanto possível.

Meu marido é muito seletivo a respeito das pessoas com quem conversa e não tem a menor curiosidade a respeito da vida de estranhos. Para ele, nosso telefone existe para chamadas de negócios e emergências. Ele pode usá-lo para marcar compromissos ou combinar uma visita a amigos, e acha que é bom tê-lo, caso a família precise de nós, mas o telefone não lhe proporciona as horas de entretenimento que minhas filhas e eu obtemos com ele.

Permita que eu lhe lembre novamente que os opostos normalmente se atraem. Não há problema em estar com alguém cujo estilo complementa o seu. Você pode imaginar como duas pessoas ficariam entediadas se nenhuma delas falasse? Mas se ambas forem falantes, irão competir continuamente entre si para ver quem fala mais.

Qualquer problema que vocês possam ter de comunicação em seu relacionamento não é necessariamente causado pelas suas diferenças, mas pela falta de compreensão ou de avaliação dessas diferenças. Sua capacidade de verbalizar ou não nada tem a ver com a intensidade dos seus sentimentos. Se alguém se sente melhor ouvindo, isso não quer dizer que ele ou ela tenha sentimentos menos intensos que o parceiro que fala. Não confunda palavras, ou sua falta, com emoções. O simples fato de uma pessoa não falar muito não significa que ela não está interessada.

No início do seu relacionamento, seus estilos diferentes não o preocupavam. Um de vocês pode ser uma pessoa muito reservada, que acha que sua vida não é da conta de ninguém. O outro pode sentir-se compelido a se abrir com qualquer pessoa que encontra. Um de vocês pode falar primeiro e pensar depois. O outro pode escolher cuidadosamente suas palavras e nunca sonharia em falar antes de pensar. Um de vocês pode falar muito alto e vigorosamente.

O outro pode tender a falar em voz baixa. Pense nas suas diferenças como sendo complementos, como fazia no início, e você estará no caminho certo.

CONVERSA DE NAMORADOS

Quando um casal começa a se encontrar, normalmente não há problemas com a conversa. Na verdade, uma das coisas que sempre pergunto a um casal é: "Contem como vocês se conheceram." Eles descrevem seu primeiro encontro e invariavelmente um diz: "E ficamos metade da noite apenas conversando" ou "havíamos planejado ir a algum lugar depois de jantar, mas ficamos lá conversando até a hora do restaurante fechar."

No início, um casal não presta atenção a quem começou a conversa ou quem tinha mais o que falar. O que eles notam é como estão à vontade um com o outro, como se sentem seguros contando um ao outro coisas que nunca haviam contado a ninguém e como parece que eles se conheceram a vida inteira. Seus encontros são seguidos por telefonemas que às vezes duram horas.

Megan descreveu seu primeiro encontro com Mark. "Nós nos conhecemos numa festa na casa de uma amiga. Ele me tirou para dançar e depois me serviu uma bebida. Sentamo-nos no sofá e começamos a conversar. Quando percebi, todos os outros estavam indo embora. Não consegui acreditar que havíamos passado três horas conversando e rindo. Era tão fácil conversar com ele. Achei-o tão interessante e ele parecia interessado no que eu tinha a dizer. Estávamos muito sintonizados um com o outro. Ele me ligou na noite seguinte e ficamos duas horas ao telefone."

Um casal normalmente se apaixona como resultado dos bons momentos passados conversando. Eles trocam ansiosamente opiniões, interesses, experiências, idéias sobre suas carreiras, gostos, aversões, metas, sonhos, esperanças, temores e desapontamentos. Neste ponto, nenhum julga o outro. Eles estão apenas tentando descobrir tudo o que podem a respeito um do outro. Nesse maravilhoso processo de contar quem são e se revelarem abertamente, ambos começam a se sentir muito especiais, amados e aceitos.

Não é preciso ser um psicólogo para olhar ao redor em um restaurante e adivinhar quais são os casais que estão juntos há pouco tempo e quais se conhecem há muito. Sou uma observadora de pessoas e adoro observar o comportamento humano. E por mais que já tenha visto, ainda fico espantada ao ver um casal que janta em um bom restaurante e não troca uma palavra a noite inteira.

POR QUE PAROU?

Os casais não fazem voto de silêncio quando se casam. Na verdade, muitos homens e mulheres olham para seus pais, que deixaram de conversar um com o outro, e dizem para si mesmos: "Nunca serei como eles."

Então, o que aconteceu? Como é que esses casais acabaram ficando como seus pais, sem trocar uma palavra?

As mulheres, por natureza, parecem gostar de conversar. A conversa é um fim em si mesma. Não há outros motivos. Muitas vezes marco um almoço de negócios com outra mulher, discutimos o assunto que nos trouxe e depois desfrutamos uma hora daquilo que um homem descreveria como "conversa fiada". Ela fala sobre sua vida e seus problemas e eu falo sobre os meus. Quando saímos, nós duas partilhamos sentimentos de cordialidade e compreensão. Fiz muitas amigas desta maneira em minha vida.

Por outro lado os homens, em sua maioria, parecem se empenhar numa conversa como um meio para um fim. Quando marca um encontro, um homem normalmente não tem problemas para falar, porque tem um objetivo em mente. Ele quer que ela o ache desejável; então ele se mostra charmoso, espirituoso e presta muita atenção naquilo que ela tem a dizer. Ele quer descobrir quais são os interesses dela, para poder atendê-los. Como resultado, a mulher o acha irresistível. Uma vez que isso acontece e ela é sua para sempre, ele pára de falar. Na sua cabeça, agora há menos necessidade de falar e ouvir do que no início.

Shelley expressou a mesma preocupação que já ouvi de muitas outras mulheres. Ela disse: "Não posso compreender por que Spence, que é um vendedor, acha fácil falar o dia inteiro com seus clientes e não consegue achar nada para falar quando chega em casa." Para Spence, e para inúmeros outros homens, a conversa pára quando ele termina seu trabalho no final do dia.

Certa noite, Walter descreveu seus sentimentos à classe e acho que ele representa a maneira pela qual muitos homens se sentem: "O dia inteiro eu procuro ganhar a vida. Discuto, avalio, critico, converso. Quando chego em casa, não tenho vontade de continuar fazendo o mesmo. Tudo o que quero é um pouco de paz e sossego. E acho que mereço isso."

Para uma mulher, não basta ter um homem que diz: "Estou em casa, não estou? O que mais você quer?" Se você pensa que seu presente para uma mulher é dar a ela a chance de observá-lo comer, dormir e sentar-se diante da TV, prepare-se para uma grande surpresa.

Por falar em televisão, há alguns anos um relatório afirmou que, em média, uma família americana assiste à televisão cerca de sete horas por dia, ou quarenta e nove horas por semana. O mesmo relatório dizia que, em média, um casal americano conversa apenas cerca de vinte minutos por semana, incluindo "bom dia", "boa noite" e "o que você quer para o jantar". São aproximadamente três minutos por dia.

Durante uma aula, Nancy contribuiu com um exemplo bem-humorado que é bem típico. Ela reproduziu a chegada do seu marido em casa todas as noites e acrescentou seus próprios pensamentos nas entrelinhas da conversa.

"Oi, cheguei", diz Byron. Eu penso 'Grande coisa', começou Nancy.

"Então ele sempre pergunta: 'Como foi seu dia?' e eu digo que foi bem. Eu realmente gostaria de lhe dizer que foi ótimo, porque tive um tórrido caso de amor com o carteiro.

"Ele diz 'O que há para o jantar?' e eu respondo galinha, peixe ou seja lá o que for. Minha vontade é de dizer 'Não sei. O que você vai preparar hoje?'

"Então ele pergunta 'Alguma correspondência?' e eu digo que está no balcão. Gostaria de lhe dizer que recebi uma carta de amor do carteiro. Você não imagina o que ele quer fazer comigo amanhã!"

Ela era uma atriz muito divertida, mas senti que todas as mulheres pareciam se identificar com aquilo que ela estava dizendo.

Nancy tinha todo o direito de esperar que Byron, que havia se mostrado uma pessoa sociável e espirituosa quando eles se conheceram, permanecesse assim pelo resto da vida deles. Um relacionamento que consiste em três minutos de conversa por dia está destinado ao desastre. Pense nisso. Seu trabalho poderia sobreviver com três minutos de conversa por dia? Se você quisesse adquirir novos conhecimentos, poderia aprender alguma coisa se se dedicasse apenas três minutos por dia a praticá-los?

Quando quero saber se a vida sexual de um casal é boa, tudo o que preciso perguntar é: "Vocês costumam conversar?" Um homem que dedica tempo a conversar com sua companheira tem uma mulher que corrresponde aos seus desejos. Se você quiser uma mulher apaixonada no quarto, precisa aprender a satisfazer diariamente as necessidades dela fora dele.

TRINTA MINUTOS POR DIA

Você pode querer relaxar e se descontrair sozinho quando chega do trabalho, e merece esse tempo a sós. Se estiver vivendo com uma mulher, precisará levar em conta as necessidades dela. Ela precisa ter algum tempo com você todos os dias. Eu não disse de vez em quando. Eu disse *todos os dias*. Na verdade, tem que haver um mínimo de trinta minutos a cada dia, quando ela pode conversar com você e lhe contar suas experiências e preocupações. Esses trinta minutos por dia não podem ser um monólogo. É preciso que haja um diálogo entre os dois. Você não pode ser um mero observador; também deve participar da conversa. Você precisa dividir com ela algumas das suas experiências e preocupações.

Quando faço esta afirmação na classe masculina, sempre noto as reações dos homens que estão em um relacionamento novo, ou prestes a se casar, *versus* aqueles que estão casados há muitos anos. Os homens do primeiro grupo não se esquivam, ao passo que o outro grupo geme, lamenta e suspira.

Uma noite, Neal murmurou alguma coisa para si mesmo. Quando lhe perguntei o que era, ele disse: "Como é possível não querer passar pelo menos trinta minutos com a mulher que se ama? Mal posso esperar para ver Cathy depois do trabalho."

Em contraste, Roger, um veterano de um casamento de dezoito anos, encolheu-se de medo ao dizer: "Você deve estar brincando. Se eu lhe der trinta minutos, ela ocupará três horas. Você não conhece minha mulher."

Podia não conhecer a mulher dele, mas sabia que ela estava envolvida com todos os comitês que podia encontrar e passava horas falando ao telefone. Isso porque, em aulas anteriores, Roger havia se queixado que sua mulher monopolizava o telefone. Sua necessidade de conversar estava sendo satisfeita, mas não por seu próprio marido.

UMA MULHER É COMO UM JARDIM

Jonathan era um homem encantador com seus setenta anos e havia conhecido sua atual noiva numa festa da comunidade de aposentados onde vivia. Fazendo uma bela narração de como cuidar de alguém, ele nos revelou seus pensamentos: "Há muitos anos, perdi aquela que pensava ser minha companheira por toda a vida. Não há como explicar a alienação e a solidão que senti. Quando não há ninguém interessado em saber que tipo de dia você teve, como você está se sentindo ou o que está pensando, é difícil achar uma razão para continuar vivendo, mas você continua. No ano passado conheci Eva, e vou dizer a vocês jovens, nunca achem que suas mulheres serão sempre suas, não importa a idade que tenham. Eu considero cada minuto que podemos passar juntos muito precioso. Uma mulher é como um jardim. Se você não cultivá-la, só terá ervas daninhas!"

Um homem que aprende a reservar tempo todos os dias para conversar com a mulher que ama conquista seu coração para sempre. O homem que prefere ignorar a necessidade que ela tem de conversar irá encontrar uma companheira irritada e impertinente. Quando ela o aborrece e não lhe dá um instante de paz, o que está querendo dizer é: "Se não posso ter sua atenção com uma conversa agradável, vou fazê-lo através de uma conversa desagradável. Vou ter sua atenção através de uma conversa ou de uma discussão, porque mesmo o conflito é melhor do que se sentir insignificante quando estou perto de você."

Susan admitiu: "Eu me transformei numa bruxa. Não sei por que Ernest se dá ao trabalho de vir para casa. Tudo o que faço é encontrar coisas erradas e aborrecê-lo. De uma forma estranha, ainda estou me comunicando com ele, apesar de estarmos gritando um com o outro. Se não fosse a gritaria, ficaríamos os dois em silêncio."

Já que você irá passar pelo menos trinta minutos em casa, por que não optar por uma experiência positiva ao invés de uma experiência negativa?

Se vocês têm filhos, o jantar normalmente significa conversa em família e focaliza aquilo que as crianças fizeram. Esta conversa é diferente dos trinta minutos que você precisa passar com ela. Você precisa achar tempo para que os dois fiquem sozinhos.

* Se for preciso, contrate alguém para cuidar das crianças enquanto vocês dois saem para uma caminhada. Não há nada como um passeio de mãos dadas para promover descontração e conversa. E também é um bom exercício.
* Vocês podem dar um passeio de carro e parar em algum lugar tranqüilo.
* Leve-a até um restaurante informal para uma xícara de café.
* Sente-se em sua sala favorita, desligue a TV, coloque uma música suave e converse com ela.

Lembre-se, *converse pelo menos trinta minutos por dia — nenhuma desculpa é aceitável*. Se você precisar fazer uma viagem de negócios, poderá fazer um telefonema de trinta minutos. Certifique-se apenas de fazê-lo num horário em que ela possa falar com você sem interferências. Se vocês têm filhos, serão necessários dois telefonemas, um para eles e o outro para ela.

Sean saiu da aula muito cético a respeito dos trinta minutos que iria dedicar à sua mulher, mas voltou na semana seguinte com um sorriso. "Não consigo acreditar na diferença que fez meu compromisso. No início eu o fazia por causa da minha mulher, mas logo constatei que também estava me beneficiando com nosso horário exclusivo. Dorine e eu decidimos fazer uma caminhada depois do jantar. Deixamos nossa filha de quinze anos encarregada dos dois irmãos menores e saímos. Quando comecei a falar a respeito de minhas preocupações e do conflito no trabalho, fiquei surpreso ao ver como Dorine se mostrava atenta e me dava apoio. Aquilo fez com que me sentisse próximo a ela pela primeira vez em muitos anos. De fato, também eu me vi querendo saber mais a respeito do dia dela. Um resultado inesperado das nossas caminhadas noturnas foi uma redução em minha irritabilidade e tensão. Passei a esperar com ansiedade pela caminhada que fazíamos."

Roland, que viaja muito a negócios, fez questão de ligar para sua mulher tarde da noite, depois que os filhos foram dormir. Antes de fazer a ligação, ele passou alguns minutos pensando a respeito de quanto sentia a falta da mulher e naquilo que ela significava para ele. Quando ligou, foi muito amoroso e recebeu uma resposta maravilhosa. Como resultado da conversa íntima que tiveram e da promessa que fizeram de entrar em contato todos os dias quando ele estivesse fora, Roland disse: "Realmente, eu não via a hora de voltar para casa naquela semana."

Para Brent, os trinta minutos por dia representaram uma oportunidade para retomar o contato com o lado pessoal do seu relacionamento. Jana e ele estavam se esforçando para subir nas respectivas carreiras e haviam perdido toda a intimidade. Sua decisão de dar uma parada todas as noites num café próximo foi exatamente o remédio de que precisavam para recuperar o romance que tinham no passado. Brent confidenciou: "Fazer amor, que havia se tornado um ato esporádico e sem graça, voltou a ser espontâneo e excitante, agora que nos redescobrimos um ao outro."

Todos nós conhecemos a velha frase: "O importante não é a quantidade de tempo que você dedica, mas sim a qualidade." Pare e pense nisso. Você está preocupado com a qualidade de seu relacionamento? Sean, Brent e Roland descobriram que um dos segredos para despertar toda a suavidade e sensibilidade que uma mulher tem dentro de si, é dedicar trinta minutos de cada dia de vinte e quatro horas exclusivamente a ela. Experimente fazê-lo e desfrute as recompensas que estão à sua espera.

SEU OMBRO, NÃO SUA BOCA

Vi há muitos anos uma caricatura que mostrava um marido lendo o jornal com expressão contrariada e sua mulher em pé diante dele, com ar impaciente. A legenda dizia: "Temos que salvar nosso casamento agora, quando estou lendo a seção de esportes?"

Freqüentemente sua companheira se aproximará de você para lhe dizer algo que, para ela, é uma catástrofe ou um dilema; ela poderá estar exagerando ou sendo demasiado emotiva, mas é importante que você pare aquilo que estiver fazendo e lhe dê atenção. Posso lhe prometer que se você parar e dedicar cinco minutos a ouvi-la, dizer-lhe que tem razão para se sentir assim e confortá-la, terá no mínimo cinco horas de paz e sossego. Por outro lado, se você alegar que está ocupado ou cansado demais, terá provavelmente cinco horas de reclamações e discussões ininterruptas.

A fórmula é a seguinte:

Cinco minutos do meu tempo = Cinco horas de paz

Não é uma má equação.

Russ concordou com a equação e disse: "Eram onze e cinco e eu estava quase dormindo, quando senti minha mulher tocar delicadamente meu ombro, perguntando se eu estava acordado. Fingi que já havia adormecido. Mais uma vez, ela cutucou meu ombro e perguntou se eu estava dormindo. Limitei-me a resmungar, esperando, mais uma vez, que parasse de me chamar. Mas não parou. Janice cutucou-me mais uma vez e disse: 'Preciso realmente lhe perguntar uma coisa. Acorde, por favor.' Virei-me e abri os olhos, fazendo um esforço para enxergá-la. Ela começou a contar como estava preocupada com o jantar que daria ao meu grupo de vendas e respectivas mulheres no sábado seguinte. 'Já decidi o cardápio, mas não sei se devo colocá-lo em um bufê, deixando que cada um se sirva, ou servir à francesa, com os convidados sentados à mesa.' Querendo me livrar daquilo, eu disse simplesmente que não fazia diferença e virei para o outro lado. Que grande engano!

"Fazendo um retrospecto, eu gostaria de saber na ocasião aquilo que Ellen me ensinou, porque então teria conseguido dormir. Do jeito que as coisas foram, aquela simples pergunta levou a uma discussão que só terminou às três da manhã, com ambos emocionalmente esgotados. Ela acusou-me de não me importar com ninguém a não ser comigo mesmo, e de usá-la como uma empregada. Ela começou a chorar e gritar que estava farta de tudo. Lá estava ela, tentando fazer algo de especial para mim, e tudo o que eu fazia era me preocupar com meu precioso sono. Bem, como ela estava se preocupando com o jantar, queria que eu também me preocupasse. Trocamos acusações a noite inteira, eu atacando-a pelas suas inseguranças e ela me acusando de insensível. Quando ficamos esgotados, simplesmente caímos no sono."

Durante o dia inteiro você é pago para criar soluções, dar conselhos e resolver problemas. Quando se trata da sua vida pessoal, você precisa aprender a agir de forma completamente diversa. Sempre que sua companheira está preocupada, magoada, desapontada, confusa ou com um problema, ela quer expressar seus sentimentos. O que ela está querendo dizer é: "Ouça-me, por favor. Quero contar o que me aconteceu ou o que está me preocupando. Na verdade, não quero conselhos ou soluções. Quero apenas que você me escute, entenda o que estou dizendo e se interesse por aquilo que estou sentindo."

Memorize este ponto e você saberá como é fácil evitar muitas das discussões que hoje ocorrem em seu relacionamento. Em 95% dos casos sua companheira não está em busca de respostas, mas de solidariedade e simpatia. *Ela necessita dos seus ombros para se apoiar, não da sua boca para lhe dar respostas.*

Depois que meus alunos aprendem isso, mal podem acreditar no alívio que é não ter que se mostrar brilhante.

Guarde seu brilhantismo para o trabalho. Ele não é necessário em sua casa.

Stewart chegou à aula muito orgulhoso, depois de fazer uso dos seus novos conhecimentos. Todos os anos, sua mãe vinha passar uma temporada de duas semanas em sua casa. Era viúva e ele sentia pena dela, além de achar que uma estada tão curta não representava muito trabalho adicional para Elsie, sua mulher. Todos os anos, Elsie reclamava, pois achava que sua sogra invadia sua privacidade e tomava seu tempo. E todos os anos os dois brigavam uma semana antes da chegada da mãe dele e uma semana após sua partida.

Naquele ano foi diferente, pois Stewart havia acabado de aprender a dar a Elsie seu ombro, em vez de sua boca. Quando ele chegou do trabalho, Elsie iniciou seu ritual de reclamação, mas em vez de acusá-la de egoísta, como todos os anos, Stewart decidiu usar aquilo que havia aprendido em meu curso. Quando Elsie começou, dizendo: "Daqui a uma semana ela chegará, e olhe que bagunça está esta casa! Você sabe como sua mãe é com limpeza", Stewart passou os braços à sua volta e disse: "Eu sei. É difícil contentá-la e isso requer um grande esforço da sua parte todos os anos. Ela é muito crítica e exigente e sei o quanto suas visitas lhe desagradam. Sinto muito que você sempre precise passar por isso."

Para sua surpresa, Elsie derreteu-se em seus braços e ele não acreditou no que ouvia quando ela respondeu: "Não será tão mau assim. Afinal, ela é sua mãe e sem ela, você não teria nascido e eu sou grata por isso."

Craig faz, todos os anos, uma pescaria de uma semana. Todos os anos, ele mal pode esperar para sair com três amigos e ir pescar em um rio próximo. "Todos os anos, antes da minha partida, Diane criava um caso. Minha reação sempre havia sido a mesma: 'Quer você goste ou não, eu vou. Se não gostar, agüente'." Depois de assistir a minha aula, Craig resolveu aplicar a nova técnica.

Ele sempre sabe quando Diane está a ponto de explodir. Ela começa a bater as portas dos armários e a bufar pela casa. Desta vez, ele foi até a cozinha, onde ela estava preparando o jantar, enlaçou-a com os braços, deu-lhe um beijo e disse: "Meu amor, sei que é muito egoísta de minha parte ir pescar. Deixo você com todas as tarefas e responsabilidades, enquanto vou me divertir. Realmente não é justo. Você significa tudo para mim e se minha pescaria a aborrece tanto, eu posso cancelá-la. Ela não vale uma briga. Você é a pessoa mais importante da minha vida e significa muito mais que uma pescaria."

Como poderia aquela mulher não se sentir comovida diante de tal demonstração de solidariedade e compreensão? Eu não teria dúvidas a respeito do que Diane iria dizer, mas Craig teve um choque quando, naquela noite, ela finalmente lhe respondeu.

Quando eles se preparavam para dormir, Diane disse: "Sabe, estive pensando. Quero que você vá, porque isso parece relaxá-lo muito. Só quero que compreenda que fico sobrecarregada e, além disso, sinto muito a sua falta."

Craig concordou em compensar Diane, saindo um fim-de-semana com ela, depois que voltasse.

A ARTE DE OUVIR

Quando você aprende realmente a arte de ouvir, a omitir seus próprios pensamentos e sentimentos para ouvir aquilo que sua companheira está dizendo, começa a ver as coisas por outro ponto de vista. Um relacionamento envolve duas pessoas diferentes, que precisam procurar ver as coisas uma através dos olhos da outra. Se você tentar se colocar no lugar dela e ver as coisas como ela as vê por apenas um momento, sua reação àquilo que ela diz será muito diferente. Ouvir bem conduz à intimidade e à compreensão. Quando sua companheira sabe que você compreende seus sentimentos, e não apenas aquilo que ela está dizendo, quando ela fala com você e você lhe diz que ela tem razão de se sentir daquele jeito, ela fica muito satisfeita. Em troca, ela irá fazer o possível para torná-lo feliz.

O PASSADO ACABOU

Se você tem a sorte de ter uma mulher que se sentiu segura para lhe contar a respeito do seu passado porque confiava em você, nunca deixe que ela se arrependa disso. Caso contrário, ela nunca mais se abrirá. Algumas vezes, as mulheres se arriscam e são muito honestas a respeito do seu passado com seus companheiros. Entretanto, se não se sentirem compreendidas, essa será a última vez.

Darin admitiu ter sido insensível. "Quando perguntei a Darlene com quantos homens ela havia dormido antes de me conhecer, ela disse que tinham sido três. Eu quase explodi. Ela tentou explicar que aquilo acontecera quando era muito jovem e imatura, mas eu não quis escutar. Recusei-me a acreditar quando ela me disse que nenhum homem jamais a fizera sentir-se tão completa como eu. Quanto mais eu pensava naquilo, mais furioso ficava. Todas as vezes em que fazíamos amor, eu sentia que estava competindo com seus companheiros anteriores e às vezes chegava a perguntar como era em comparação com eles. Hoje sei o quanto ela deve ter-se arrependido por ter me contado a verdade. Só espero poder convencê-la de que eu estava errado ao reagir daquela maneira. Nunca mais tocarei nesse assunto."

Cindy revelou como estava arrependida por ter contado a Joel que era gorda quando adolescente e que somente com bem mais de vinte anos havia controlado seu peso. "Agora ele me vigia como um falcão. Todas as vezes que como sobremesa, ele joga meu passado na minha cara. Como fui estúpida em confiar nele."

Para Melvin, essa aula veio numa época perfeita. Ele e sua namorada Amanda já se conheciam havia dois anos. Ele a tinha pedido em casamento um mês antes de fazer meu curso, mas ela recusara, dizendo que precisava de mais tempo. Uma noite, depois que ele já tinha iniciado o curso, ela telefonou e disse que precisava conversar com ele imediatamente. Ela confessou que estivera escondendo algo dele desde o dia em que tinham se conhecido. "Amanda contou que não havia terminado o segundo grau", disse ele. "Honestamente, acho que teria ficado irritado se não estivesse fazendo o seu curso. Afinal de contas, já tínhamos conversado muitas vezes sobre nossas experiências dos tempos de escola e eu achava que ela tinha se formado. Em vez disso, eu a tomei em meus braços e disse que estava feliz pela confiança que ela tinha em mim e que a amava ainda mais por aquilo. Nas quatro horas seguintes ela me contou a respeito da agonia da sua vida em casa quando adolescente, que a impedia de se concentrar nas aulas. A certa altura, ela não conseguiu mais suportar aquilo e arrumou um emprego de recepcionista. Ela progrediu na empresa e hoje é supervisora". A parte mais bonita desta história é que pouco depois de Amanda ter dito tudo a Melvin, eles marcaram a data do casamento.

O passado acabou e não pode ser mudado. Todos nós iniciamos um relacionamento com excesso de bagagem, coisas que gostaríamos de mudar e experiências que desejaríamos nunca ter tido. Sua ternura e seu amor têm a capacidade de curar as feridas dela e ajudá-la a superar suas dificuldades. Não desperdice essa capacidade preciosa. É um presente que você pode lhe dar pelo resto da sua vida com ela.

NÃO ME REPROVE

Vi certa vez uma ótima frase de pára-choques, que dizia: "Não Me Reprove."

Não há nada mais irritante para uma mulher do que aproximar-se da pessoa que mais ama no mundo, contar-lhe a respeito de um incidente que acabou de ocorrer e ele reagir dizendo: "Em vez de agir assim, você deveria ter agido assado."

Linda explicou que seu chefe era demasiado crítico e exigente e que um dia ela não agüentou mais e pediu demissão. "Quando cheguei em casa e expliquei o que tinha acontecido, Ben disse que eu não deveria ter pedido demissão sem antes procurar outro emprego. Ele não viu que minha reação imediata não havia resultado de um pensamento claro e lógico, mas de uma resposta a uma situação ruim. Pensei que ele fosse se mostrar compreensivo, mas

em vez disso ele me fez sentir seu desapontamento. Eu queria que ele apenas me abraçasse e dissesse que me amava."
Aqui estão alguns outros exemplos ditos em classe:

Ela diz: "Tive um dia terrível no trabalho."
Resposta errada: "Você deveria largar esse emprego idiota. Não precisamos do dinheiro que lhe pagam lá."
Resposta certa: "Amor, conte-me o que aconteceu. Eles não sabem dar valor à ótima funcionária que você é".
Ela diz: "Tive um dia infernal com as crianças. Johnny vomitou o dia inteiro e finalmente levei-o ao médico. Penny não ajudou em nada. Tudo o que ela fez foi agir como uma criancinha mimada, porque eu não estava lhe dando atenção. Estou tão cansada."
Resposta errada: "Você deveria agradecer por não ter que ir trabalhar como eu. Se você acha que teve um dia difícil, espere até eu lhe contar como foi o meu."
Resposta certa: "Querida, você deve estar exausta. Cuidar de um filho doente e de uma filha que exige sua atenção deve ser frustrante. Não sei como você agüenta. Tenho muita sorte por ter uma mulher tão maravilhosa e nossos filhos são felizes por terem uma mãe como você."
Ela diz: "Estou tão nervosa com a consulta que farei ao médico! Estou com medo que ele encontre algo de errado comigo."
Resposta errada: "Não há por que se preocupar. Apenas diga a si mesma que tudo vai dar certo. Você sabe que pensamentos negativos não lhe fazem bem."
Resposta certa: "Amor, eu sei como você está se sentindo. Está cheia de ansiedade e preocupação. Deixe-me abraçá-la."

Nos exemplos acima, todas as respostas erradas não levam em consideração os sentimentos da mulher. Quando você a "reprova", as mensagens que ela recebe de você são:

* Você nem liga para os meus sentimentos.
* Você acha que estou errada por me sentir assim.
* Você não compreende meus sentimentos.

Os efeitos deste tipo de comunicação da sua parte serão a raiva e o ressentimento dela. Mas, se você aprender a reagir de forma correta aos sentimentos dela, as mensagens que enviará serão:

* Você tem todo direito de expressar seus sentimentos.
* Eu respeito seus sentimentos.
* Compreendo seu ponto de vista.
* Compreendo seus sentimentos e me importo com eles.

Os efeitos deste tipo de mensagem serão o amor e a admiração dela.

Em épocas de estresse, seus braços fazem mais para confortá-la do que qualquer outra parte do seu corpo. Ela precisa receber um abraço, e não um sermão. Uma boa maneira para você se lembrar disso é uma citação que ouvi certa vez: "Deus nos deu duas orelhas e uma boca, o que significa que devemos aprender a ouvir duas vezes mais do que falamos." Outra boa maneira de pensar a respeito de comunicação é que nossas bocas abrem e fecham, mas nossas orelhas estão sempre abertas. Portanto, ouça o que ela tem a dizer. Será bom para os dois.

Às vezes sua companheira desejará que você a ajude a resolver um problema, ou lhe dê a resposta para um dilema. A mensagem será muito clara, alguma coisa como "Querido, por favor, diga-me o que fazer neste caso." Ou talvez ela diga: "Amor, preciso da sua ajuda para resolver este problema." Isso será verdade em apenas 5% dos casos. Nos outros 95% ela quer apenas que você mostre que se importa com ela, que compreende o que ela está dizendo e que reconhece seus sentimentos.

SINAIS NÃO-VERBAIS

Anos atrás, a Eastman Kodak Company realizou um estudo para descobrir o que fazemos quando tentamos nos comunicar. Eles constataram que:

* As palavras constituem somente 7% da mensagem que tentamos transmitir.

* A comunicação não-verbal, que consiste em sorrisos, olhares e caretas, representa 55% do total da mensagem.
* O tom de voz compõe os outros 38% da mensagem.

As crianças são muito boas para captar sinais não-verbais, que são os maiores indicadores daquilo que você está comunicando. Patrick disse que sua filha de quatro anos veio até ele, sentou-se em seu colo e perguntou o que estava errado. Quando respondeu que não havia nada errado, ela colocou as mãos nas bochechas dele e perguntou: "Então por que você não diz isso ao seu rosto?"

Prestando atenção aos sinais não-verbais, você normalmente saberá melhor o que sua companheira está sentindo e receberá uma mensagem mais precisa que as palavras que saem da sua boca. Qualquer homem que esteja diante de uma mulher que bate portas ou quebra pratos sabe que sua companheira está irritada, mas é preciso um pouco mais de esforço para notar sinais mais sutis, tais como movimentos rígidos ao caminhar, rosto sem expressão, olhar perdido, revirar os olhos ou encolher os ombros em resposta a uma afirmação. Se uma mulher evita seu olhar, você pode ter a certeza de que alguma coisa a está incomodando. Se ela se distancia fisicamente de você, ou procura não tocá-lo, certamente está chateada por algum motivo.

Aqui, mais uma vez, o princípio dos cinco minutos valerá seu tempo e esforço. Desta vez, a equação é:

Cinco minutos de meu tempo = Cinco horas de harmonia

Se você suspeitar que alguma coisa está errada, procure resolvê-la o mais cedo possível. Não a ignore, porque as coisas ficarão cada vez piores. Este é um grande desafio e provavelmente irá deixá-lo exausto, mas não desista. Prometo que não levará mais de cinco minutos. Quando você perguntar pela primeira vez o que está errado, a resposta dela será "nada", mas seu tom de voz será esclarecedor, se você for um homem perceptivo.

Faça de novo a pergunta, só que desta vez acrescente: "Por favor, conte-me o que está errado. Sei que alguma coisa a está incomodando".

Mais uma vez, ela responderá: "Eu lhe disse; não há nada errado."

Não desanime. É como se ela quisesse testá-lo. Sua persistência significa que você se importa com ela e, em segredo, ela adora o fato de você estar lhe dedicando tempo e esforço extras.

Desta vez, acrescente: "Por favor, conte o que está errado. Devo ter feito alguma coisa que a magoou, mas a menos que eu saiba o que foi, nada poderei fazer a respeito."

A esta altura, ela começará a ceder. Agora, em sua tentativa final, diga: "Por favor, conte-me o que está errado para que eu possa corrigir. Você é a pessoa mais importante da minha vida e eu a amo com todo o meu coração. Às vezes posso ser insensível e apenas preciso saber o que aconteceu."

A parte mais difícil é que até agora você deve ter gasto apenas três minutos e ainda tem mais dois, mas continue tentando. A recompensa valerá a pena. Ela finalmente irá falar, vocês terão uma chance para discutir o assunto, ela se sentirá melhor e o caso estará encerrado.

A alternativa é muito pior. Se você ignorar os sinais ou aceitar o "nada" ao pé da letra, irá viver por algumas horas, ou mesmo dias, com uma mulher irritada, fria e distante.

Sua persistência terá compensações. Quanto mais você demonstrar preocupação por ela, perguntando o que está errado, mais fácil será para ela lhe contar. A maioria das mulheres acaba aprendendo a contar imediatamente o que as está incomodando, e os cinco minutos se reduzirão a dois segundos.

VOCÊ ACHOU QUE EU QUERIA DIZER ISSO?

A comunicação é realmente uma arte. Algumas vezes ela exige que você faça uma distinção entre o que ela diz e aquilo que ela realmente quer dizer, que freqüentemente são coisas muito diferentes. De vez em quando as mulheres dizem uma coisa querendo dizer outra. Para piorar, elas esperam que você possua poderes extra-sensoriais e saiba automaticamente o que elas querem realmente dizer, mesmo que não o tenham dito. Uma vez que você provavelmente não tem essa capacidade, como a maioria dos homens que conheci, uma boa regra prática é simplesmente assumir que, na maioria das vezes, *aquilo que ela diz na verdade não é aquilo que ela quer dizer.*

Por alguma razão, ela espera que você saiba disso. Uma possível explicação para essa expectativa é o fato de serem as mulheres, em sua maioria, mais intuitivas que os homens. Elas captam mensagens subliminares três vezes mais depressa que os homens. Você se lembra de como sua mãe sabia que alguma coisa estava errada, mesmo quando você estava tentando esconder dela? Tão logo você entrava em casa, ela sabia que alguma coisa havia acontecido.

Faz parte da natureza humana supor que todos possuem as mesmas capacidades que temos. Como a maioria das mulheres pode normalmente ler nas entrelinhas ou captar um duplo sentido naquilo que está sendo dito, é provável que a mulher da sua vida espere o mesmo de você.

Nunca conheci um homem que não acabasse desenvolvendo suas habilidades perceptivas para evitar problemas com sua companheira. Eu também esperava que meu marido fosse capaz de ler meus pensamentos.

Logo que nos casamos o dinheiro era curto e, quando se aproximou nosso primeiro aniversário de casamento, eu propus: "Nada de presentes, está bem?" Ele tomou aquilo que eu disse ao pé da letra. Chegou o dia especial e lá estava eu, com um cartão e um presente para ele. É claro que ele não tinha nada para mim, porque era isso que eu havia proposto.

Eu desatei a chorar e meu pobre marido ficou ali sentindo-se um idiota, dizendo: "Mas você disse nada de presentes!" Minha resposta foi: "E você achou que eu queria dizer isso? Como foi capaz de pensar que era isso que eu queria dizer? Eu quis dizer que não precisaríamos gastar muito dinheiro; mas como não devo significar nada para você, foi mais fácil simplesmente acreditar em mim."

Isso já lhe aconteceu? Se você puder optar entre fazer algo de bom para ela e não fazer nada, como dar ou não dar um presente, opto sempre pela primeira alternativa e consiga o presente, não importa o que ela lhe tenha dito. Pode apostar que sempre que ela lhe disser para não se incomodar em lhe dar um presente, secretamente ela deseja um. Sempre que ela disser "Não faça esse esforço por minha causa", é exatamente isso que você deverá fazer.

Mike, o namorado da minha filha, aprendeu em pouco tempo a adivinhar os pensamentos dela. Ela havia vindo passar um fim-de-semana prolongado em casa e ele voou até a Califórnia para ficar alguns dias conosco. Na noite anterior ao seu retorno à faculdade, ela disse a Mike que como o vôo dele sairia mais tarde que o seu, ele não precisaria levá-la ao aeroporto. Meu marido faria isso e Mike poderia dormir até mais tarde. Na manhã seguinte, fiquei surpresa ao ver Mike em pé logo cedo para levá-la ao aeroporto. Quando ele voltou, perguntei por que decidira fazer aquilo, uma vez que meu marido havia concordado em levá-la, pois teria que sair para trabalhar. Mike olhou para mim com seus adoráveis olhos azuis e disse: "Está brincando? Se eu ficasse dormindo, não teria mais sossego. Ela iria me chamar de egoísta e desinteressado. Hoje eu sei que devo fazer exatamente o contrário do que Tara disser!" Esse jovem sábio aprendeu em pouco tempo aquilo que alguns homens levam anos para descobrir.

Na véspera, eu acreditei que para minha filha não importava quem a levasse ao aeroporto. Mais tarde, conversando pelo telefone, eu perguntei se isso era importante para ela. "Claro que sim", respondeu ela. "Eu queria realmente que Mike me levasse e teria ficado furiosa se ele não fosse!"

Barney, por outro lado, ainda tem muito a aprender. Ele e sua mulher foram olhar vitrines para comprar o presente de aniversário dela. Quando um lindo relógio chamou sua atenção, ela arrastou-o para dentro da loja para examiná-lo de perto. Mas quando soube o preço, ela disse "Oh, é caro demais" e começou a procurar um relógio mais barato. Quando ela escolheu um modelo que custava a metade do preço do primeiro, Barney ficou radiante. Ali estava uma mulher preocupada com as finanças deles, mostrando-se muito sensata e econômica.

No dia do aniversário dela, ele presenteou-a com o tal relógio e viu com alegria que ela começou a chorar. Pensando que fossem lágrimas de felicidade, ele tomou-a em seus braços, mas para sua surpresa ela o repeliu. "Como você foi capaz de fazer isso?" perguntou ela. "Você sabia o quanto eu queria o outro relógio e foi lá e comprou este. Eu nunca teria feito isso com você." A parte irônica desta história é que ele teria comprado com prazer o primeiro relógio, se soubesse que ela o queria. Barney disse: "Honestamente, pensei que ela não o quisesse porque era muito caro. Eu estava tentando agradá-la. Bem, aprendi uma lição valiosa."

Em sua maioria, as histórias como esta são engraçadas quando lhe contam, depois que passaram, mas quando elas estão acontecendo, a última coisa que as pessoas envolvidas acham nelas é a graça.

Miles disse que antes do Natal sua mulher fez insinuações de que desejava ganhar um cachorro. "Mas acho que por saber que eu não gostava muito de animais, Nadine disse que podia ser um cachorro empalhado. Gastei um tempo enorme procurando um que fosse bonito. Quando abriu o pacote na manhã de Natal, ela começou a rir e a procurar pelo filhote que pensava que eu tivesse escondido. Quando lhe garanti que não havia filhote nenhum, ela me olhou com expressão de chocada e disse: 'Você quer dizer que gastou dinheiro nesta imitação de cachorro, quando sabia que eu queria um de verdade? Você gostaria que eu o levasse para passear preso a uma correia?' No início eu não acreditei no que estava ouvindo, mas finalmente entendi. No dia seguinte, eu lhe disse que se sentasse no sofá, fechasse os olhos e estendesse os braços. Quando abriu os olhos e viu o novo membro da nossa família, ela sentiu-se obviamente a mulher mais feliz do mundo e não parou de me beijar o dia inteiro."

Aqui está um curso rápido de percepção extra-sensorial. Se você ouvir as palavras abaixo, pode supor que ela quer dizer o oposto.

Ela diz: "Oh, querido, você não precisa fazer isso."
Sim, você precisa!
Ela diz: "Meu bem, isso é caro demais."
Não, não é!
Ela diz: "Tudo bem, isso é inconveniente para você."
Não, não é!
Ela diz: "Não, não precisa se incomodar."
Precisa sim!
Ela diz: "Na verdade, eu não me importo."
Ela se importa!
Ela diz: "Diga-me a verdade."
Cuidado!

Qualquer coisa que a faça sentir-se especial e que lhe tenha dado algum trabalho não deixará de ser reconhecida.

Ela pode perguntar a respeito da sua aparência física e começar com um "Diga-me a verdade".

* Como estou?
* Você acha que estou envelhecendo?
* Você acha que estou engordando?
* Você acha que estou começando a ficar flácida?

Não estou pedindo para você mentir, mas entenda que a verdadeira razão dela perguntar é para sentir alguma segurança de que você ainda a acha atraente. A diplomacia e as palavras que você escolher podem ajudar muito. É claro que a beleza está nos olhos do observador, e espero que eles captem algo de belo para observar! Abaixo estão algumas declarações de grande valor para essas ocasiões:

* Para mim você sempre será minha linda noiva.
* Você não está ficando mais velha, está ficando melhor.
* Você sempre me deixa "ligado".
* Você é a mulher mais *sexy* do mundo.
* Tenho sorte de ter uma mulher maravilhosa como você.
* O que fiz para merecer alguém especial como você?
* Essa cor destaca seus grandes e belos olhos.

Quando me casei, eu nunca havia preparado uma refeição completa na vida. Minha mãe sempre cuidou disso e eu simplesmente não tinha vontade de aprender. Quando voltamos da lua-de-mel, preparei meu primeiro jantar. Na verdade, eu comprei um livro de culinária para adolescentes, intitulado *Aprendendo a Cozinhar*. Ainda o tenho em minha estante, como lembrete de quão longe eu cheguei. Eu não sabia cozinhar um ovo, fazer um assado ou fritar uma cebola. Decidi fazer espaguete com almôndegas e nisso levei o dia inteiro. A receita pedia um dente de alho, mas eu pensei que fosse uma cabeça inteira. Depois de caprichar horas e horas, finalmente servi aquele prato delicioso. Quando dei a primeira mordida, eu quase morri. Eu havia usado alho suficiente para provocar mau hálito por um ano. E soube que tinha me casado com um homem especial quando ele deu sua primeira mordida e disse que estava delicioso. Eu não podia imaginar o que tinha saído errado e queria jogar toda a comida no lixo, mas ele olhou diretamente nos meus olhos e disse: "Querida, você se deu a todo esse trabalho por minha causa e quero que saiba que a amo por isso."

E continuou a comer. Você pode imaginar de quanta concentração ele precisou para pensar apenas no seu amor por mim, e não naquela comida horrível?

Para bom entendedor, meia palavra basta. Encontre alguma coisa nela que lhe agrade muito, descubra por que ela faz diferença em sua vida e como ela é mais importante do que qualquer outra pessoa e você nunca se desviará da verdade. Desejo-lhe felicidades no desenvolvimento da sua habilidade intuitiva com ela, enquanto aprende a compreender o que ela realmente significa e o que deve dizer a ela a partir de agora.

ATIVIDADE Nº 3

1. Planeje passar um mínimo de trinta minutos por dia conversando com ela. Pergunte a respeito do seu dia e ouça com atenção. Faça com que ela saiba que você a entende e se importa com ela. Depois será sua vez de contar como foi o seu dia.

2. Se ela lhe contar um problema ou fizer uma queixa, ouça atentamente e repita aquilo que ela acabou de dizer com suas próprias palavras. A seguir, enlace-a com seus braços e fique quieto.

3. Preste atenção aos sinais não-verbais esta semana, para ver se sua companheira está feliz ou irritada. Se achar que ela está zangada ou perturbada com alguma coisa, sente-se ao seu lado e sonde. Não saia até que ela confesse o que está pensando.

Querida Ellen,

Como é possível transformar um homem que nunca me ouviu, insensível e que sempre se achava o dono da verdade em um marido compreensivo, atencioso e solidário em apenas cinco semanas? Todos os dias eu me belisco para saber se estou sonhando. Você tem certeza de que não usa hipnose em seu curso?

Com carinho,

Connie

QUATRO

Nada Mais que Sentimentos

SENTIMENTOS NÃO SÃO UM BOM NEGÓCIO

Seu sucesso no trabalho provavelmente depende de sua capacidade para ocultar seus sentimentos. Na maior parte das situações de trabalho você precisa ser controlado, calculista, deliberado e, às vezes, até mesmo manipulador. Se você mostrasse seus verdadeiros sentimentos, provavelmente seria despedido e substituído por alguém mais insensível.

Uma noite, Louls veio à aula com uma cara de quem tinha acabado de perder seu cachorro. Quando eu o questionei, ele confirmou com tristeza: "Sim, estou aborrecido. Fui demitido hoje. Eu alugo salas para escritórios e o proprietário do edifício achou que eu não estava sendo suficientemente insistente com os clientes que me procuravam. Ele queria alguém que fosse capaz de fechar negócio imediatamente a qualquer custo e disse que estava admitindo uma pessoa que não iria deixar um cliente sair sem assinar um contrato. Bem, eu não gosto disso. Eu procuro entender o que as pessoas estão procurando e se elas pedem para pensar no assunto ou acham que o local não é bom para elas, não tento convencê-las de que ele é perfeito. Se a questão estiver no preço, respeito o desejo delas de pesquisar o mercado. O proprietário quer alguém que não leve em consideração o inquilino mas se concentre unicamente no dinheiro."

Numa sociedade preocupada com os fins e não com os meios, um homem que tende a pensar nos interesses dos outros, além dos seus, costuma ter dificuldades para ter sucesso. Muitos homens têm dito que o conselho que receberam no primeiro dia de trabalho foi: "Aqui o importante é o resultado! Não queremos saber o que você tem que fazer para consegui-lo. Leve o cliente para beber, para jantar, cative-o, gostando dele ou não."

Derrick, um militar de carreira, lembrou: "Eu me sentia mal por ser casado. Eles diziam que se quisessem que eu tivesse uma mulher, teriam enviado uma para mim! Eles viviam dizendo que não se importavam com nossos papéis de maridos ou pais, mas sim que fôssemos bons soldados. Nossas vidas pessoais não interessavam e tínhamos que nos desligar delas se quiséssemos permanecer lá."

Rhett estava no terceiro ano de medicina e comentou: "Ninguém quer saber se você ficou de plantão quarenta e oito horas, está exausto e nem consegue pensar direito. A consideração é muito rara enquanto você se prepara para ser médico."

Quais seriam suas chances de promoção se, durante a entrevista, você revelasse seus temores de não ser capaz de lidar com os problemas do novo cargo, ou sua ansiedade com a possibilidade de um colega ser promovido em seu lugar? Que homem conseguiria ser promovido, se mencionasse sua alta pressão sangüínea ou suas preocupações domésticas?

Você precisa se apresentar como um homem capaz, bem-informado e decidido para vencer os concorrentes. Em sua vida profissional, o sucesso algumas vezes significa deixar os sentimentos de lado. Mas sua vida profissional não é sua vida pessoal e você precisa fazer uma distinção entre elas.

PAUS E PEDRAS

Sucesso na vida pessoal significa ser capaz de expressar seus sentimentos, tanto bons como maus. Sentir-se realmente vivo e humano depende, antes de mais nada, da sua capacidade para reconhecer seus sentimentos e aceitá-los.

Isso não é fácil, porque desde pequeno você foi ensinado a negar seus sentimentos. Os pais são os maiores professores no departamento de negação de sentimentos. Quando pequeno você os procurava para desabafar suas mágoas e seus temores e, embora não haja diferença entre os sentimentos de uma menina e os de um menino, você era levado a acreditar que havia uma diferença. Seus pais provavelmente reagiriam de uma forma diferente se você fosse uma menina. Em geral, as meninas podem chorar, mas os meninos, se o fazem, são ridicularizados.

Se alguém o xingasse na escola e você viesse para casa chorando, provavelmente ouviria uma resposta comum: "Paus e pedras quebram seus ossos, mas palavrões não machucam."

Essa é uma mentira na qual você tentou acreditar desesperadamente. A verdade é que ser insultado dói. Se você era gordo, ser chamado de bolão doía. Se demorava um pouco mais para entender alguma coisa, ser chamado de burro doía. Se você usava óculos, ser chamado de quatro olhos doía. Se era sensível, ser chamado de maricas ou filhinho da mamãe doía.

Assim, depois de sentir-se magoado e revelar esse sentimento, o que você ganhava? Certamente não simpatia, compreensão ou reconhecimento dos seus sentimentos. Você ouvia a velha história de "paus e pedras". Quando isso acontecia você ficava ainda mais confuso, porque para você era natural querer agradar a seus pais. Então, você procurava não se sentir ofendido e acabava fingindo que aquilo não tinha importância. No fim, você aprendeu a ocultar seus sentimentos. Afinal de contas, se você era homem, não devia chorar. Se você quisesse ser amado pelos seus pais, precisava se esforçar para não ser tão sensível.

Foram lições difíceis, que precisaram ser repetidas muitas vezes até serem aprendidas. Quando você cresceu um pouco, pode ter expressado um determinado sentimento. Talvez você tivesse medo do escuro. Porém, ao invés de seus pais entenderem seus sentimentos e um deles dizer: "Eu sei. Às vezes dá medo ficar no escuro. Nossa imaginação nos engana. Vamos examinar juntos o seu quarto. Sabe de uma coisa? Vamos deixar acesa a luz do corredor", o que você provavelmente ouvia era: "Ora, vá dormir e pare de ser medroso."

Mais tarde, quando estava no segundo grau e ficava ansioso por causa de uma prova, é provável que uma vez você tenha revelado suas emoções e contado a seus pais que estava nervoso. Que resposta recebeu? "Se você estudar, não terá motivos para ficar nervoso." O que você precisava ouvir era: "É muito natural ficar nervoso com uma prova, especialmente na metade do ano." Ao invés de entenderem seus sentimentos, eles não os levavam em consideração.

Quando você é um adolescente, é muito normal preocupar-se com seus colegas e com aquilo que pensam de você. É uma época em que você quer participar de um grupo e ser aceito. Se você quis usar determinadas roupas ou um certo penteado, é provável que tenha ouvido um sermão sobre ser você mesmo e não imitar os outros. Bem, as outras pessoas o influenciam e seus pais, em vez de compreender que a adolescência é um período de insegurança para a maioria dos garotos, provavelmente ficaram confusos e desapontados com suas preocupações.

Essas lições continuaram sendo dadas, até mesmo quando você estava dando seu primeiro passo na vida adulta. Pode ser que depois do seu primeiro dia de trabalho você tenha chegado em casa e dito que não tinha nada de divertido. Então seus pais, ao invés de dizer que tinham se sentido assim e recordar que as expectativas deles também não foram satisfeitas, fizeram para você a palestra nº 73 sobre "O que divertimento tem a ver com trabalho!"

SUPERANDO AQUILO QUE VOCÊ É

É importante compreender que sua educação tem muito a ver com o fato de você hoje ser um homem com facilidade ou dificuldade para revelar seus sentimentos. Tirar a máscara sob a qual você vem se escondendo há anos é uma experiência assustadora. Alguns homens reprimiram seus verdadeiros sentimentos por tanto tempo, que nem mesmo sabem se são capazes de ter sentimentos profundos.

Um homem que não revela seus sentimentos porque acredita que deve projetar sempre aquilo que considera uma imagem masculina, que ele deve ser um homem *de verdade*, distancia-se da mulher que ama.

As mulheres respeitam e admiram um homem por sua força e querem alguém em quem possam se apoiar, mas também amam um homem que é capaz de mostrar sua vulnerabilidade, revelando seus verdadeiros sentimentos. Se não aprender a revelar quem realmente é, você não terá a oportunidade de receber o conforto e o estímulo de sua mulher.

COMPARTILHANDO SEUS SENTIMENTOS

Uma mulher adora sentir-se necessária. Quando um homem diz a uma mulher como ela é importante na vida dele e como seu apoio e seu incentivo lhe dão uma razão para viver, esta é provavelmente uma das declarações mais românticas que ele pode fazer.

Quinze anos atrás meu marido perdeu sua empresa e nossa situação financeira ficou crítica. O ego dele estava abalado, enquanto procurava sem sucesso um emprego. Eu lhe dizia constantemente o quanto acreditava nele e o quanto ele era importante em minha vida, bem como nas vidas de nossos filhos. Fiz o possível para animá-lo e aliviar seu sofrimento. Meu retorno veio quando ele finalmente conseguiu um emprego, depois de muitos meses. Uma noite ele me segurou em seus braços e, com lágrimas nos olhos, disse que tinha muita sorte em me ter como sua mulher e que minha fé nele o havia ajudado a acreditar em si mesmo. Considero esta declaração como um dos pontos altos da minha vida.

Calvin, que se considerava um bom cirurgião, contou à classe que nunca havia esquecido a primeira vez em que um paciente dele morreu na mesa de operações. "Eu precisava parecer forte e equilibrado ao contar à família que o homem tinha morrido. Também tinha outra cirurgia programada para aquele dia, portanto não podia ceder às minhas emoções. Elas precisavam ser deixadas de lado pelo bem dos outros pacientes que necessitavam de mim. Quando passei pela porta da minha casa naquela noite, me desarmei e explodi em lágrimas. Minha mulher veio e me segurou em seus braços. Ela ficou me acariciando e dizendo que devia ter sido terrível e o quanto sentia por eu ter que passar por aquilo. Nem posso imaginar como teria sido voltar para uma casa vazia sem ninguém para me confortar. Devo muito a ela."

Jarvis, um vendedor de computadores, revelou que dois anos antes havia tido uma péssima avaliação no trabalho. "Meu chefe examinou uma lista de habilidades necessárias ao sucesso na minha função. Ele ia fazendo marcas nas colunas "médio" e "fraco", ao mesmo tempo em que mostrava onde eu precisava melhorar para continuar no emprego. Naquele dia, eu saí sentindo-me completamente desesperado. Inicialmente eu não ia contar nada à minha namorada, porque não queria que ela pensasse que eu era um fracasso. Procurei esconder o que estava sentindo, mas mais tarde finalmente confessei o que havia ocorrido. Ela não falou muito, limitando-se a ouvir. Na manhã seguinte, quando acordei, encontrei uma folha de papel com uma lista de traços, como honestidade, integridade, sensibilidade, senso de humor etc. Ela havia feito colunas — fraco, razoável, acima da média e excelente — e marcado excelente em todos os traços; no pé da página havia um espaço para observações. Lá ela havia escrito que como eu era o melhor homem da sua vida, devia receber um prêmio especial naquela noite. Não dá para explicar como me senti bem durante o dia inteiro. Naquela noite ela me presenteou com uma placa onde estava gravado: 'Para o homem nº 1 da minha vida' e uma lista das características que ela admirava."

Dê à mulher da sua vida uma chance de se sentir necessária. Deixe que ela saiba das suas esperanças, seus sonhos, suas realizações, mas também revele seus temores, desapontamentos e angústias.

As mulheres levaram muito tempo para emancipar seus sentimentos. Agora é sua vez. Graças a Deus os ídolos do cinema do passado, como Clark Gable, Burt Lancaster, John Wayne e Kirk Douglas, que eram classificados como "homens de verdade", foram substituídos por Alan Alda, Jack Lemmon, Ed Asner, Tom Hanks e Tom Cruise. Os homens de verdade de hoje podem exibir lágrimas e vulnerabilidade. Emergiu um homem mais sensível. No filme *Rocky*, o lutador interpretado por Sylvester Stallone se volta para sua mulher e pede: "Abrace-me — estou com medo."

Um homem corajoso pode admitir seus verdadeiros sentimentos. Um homem fraco sempre se esconde por trás de uma máscara de independência e indiferença, distanciando-se da mulher que ama.

SUA SAÚDE DEPENDE DISSO!

Outra boa razão pela qual é importante revelar seus sentimentos é sua saúde. Estudos têm demonstrado que os homens propensos a úlceras, colite, hipertensão, ataques cardíacos e câncer têm menos capacidade que os homens mais saudáveis para expressar seus sentimentos. Esses homens propensos a doenças são normalmente chamados de bons sujeitos. São homens que costumam se autodescrever como despreocupados e descontraídos; e suas preocupações, ao invés de serem liberadas através de palavras, ficam em seus corpos e causam doenças.

Em seu livro *Love, Medicine and Miracles*, Bernie Segal diz que "a falta de um escape emocional é comum em pacientes com câncer".

Quando você não se sente bem, tende a ficar doente. Uma das melhores maneiras de aliviar o estresse é falar do que está acontecendo. Aprenda a se abrir, a falar sobre aquilo que realmente sente. Você ficará surpreso com o bem que isso pode lhe fazer fisicamente. Seus passos ficarão mais leves e você terá mais energia quando experimentar esta nova liberdade que é sua por direito.

O QUE MAIS EXISTE?

Uma noite pedi aos trinta e cinco homens que estavam em minha aula que conversassem entre si a respeito de qualquer coisa, com exceção de trabalho, esportes ou atualidades. Seguiu-se um silêncio total. Finalmente coloquei no quadro negro uma lista composta pelas seguintes palavras:

ENCONTROS	MÃES	PRAZER	CASAMENTO
PAIS	VIZINHOS	FANTASIAS	FILHOS
IRMÃOS	TEMORES	FOBIAS	AMIGOS
PREOCUPAÇÕES	HUMOR	RAIVA	

Quase todos ficaram surpresos por não terem pensado nesses assuntos.

Quando os homens se reúnem, a pergunta mais freqüente que fazem uns aos outros é "Como vão as coisas?" Isso normalmente conduz a conversas a respeito de trabalho, realizações, acontecimentos mundiais, tempo ou esportes.

Quando as mulheres se reúnem, sua conversa começa com "Como está você?" Isso conduz a horas de discussão sobre seus relacionamentos, além de seus sentimentos.

Você gasta energia demais para passar sua vida inteira ocultando sentimentos para provar que é independente, decidido, controlado, corajoso, competitivo, destemido e despreocupado o tempo todo. Você precisa de muito menos energia para revelar quem realmente é e, em troca, ter alguém que o ame por suas qualidades, bem como por suas vulnerabilidades.

Se sua mulher procura continuamente descobrir como você se sente, é preciso que você compreenda que ela entrou em sua vida para ajudá-lo a viver uma vida mais rica, compensadora e cheia de realizações. Não a deixe de fora. Esta é uma área na qual uma mulher normalmente se sobressai e pode ajudá-lo a descobrir seu verdadeiro eu. Guarde seu pretenso eu para o trabalho e para estranhos. Revele seu verdadeiro eu à mulher que o ama com todo o seu coração.

Alguns dos programas de TV de maior audiência, como *A Família Dinossauros*, demonstram, através do humor, as frustrações, ansiedades, preocupações e alegrias da vida diária de uma família e como o relacionamento de seus participantes é cultivado. Em programas de grande audiência onde são entrevistados atores importantes, você se sente como se alguma coisa a respeito da pessoa real que está por trás dos personagens que ela representa fosse revelado. Você descobre suas esperanças, seus sonhos, temores, ansiedades, fracassos e expectativas. Não creio que a audiência desses programas seria tão grande se os entrevistados fossem solicitados a fazer um relato detalhado do seu dia, juntamente com uma descrição do seu trabalho.

Hoje em dia o público está devorando memórias e biografias de pessoas famosas. *Diana, a Princesa que não Deu Certo*, de Nicholas Davies, tornou-se *best-seller* imediato porque as pessoas gostam de obter informações a respeito da pessoa real que está por trás da imagem pública. A cada dois anos sai uma nova biografia de Jacqueline Onassis e entra na lista dos livros mais vendidos. O fato de não serem escritas nem autorizadas por ela não faz a menor diferença. Aceitamos com satisfação relatos indiretos, desde que fiquemos sabendo de algum aspecto novo a respeito dessa mulher fascinante.

Algumas vezes, através da leitura de obras nas quais pessoas famosas revelam seus desapontamentos, fracassos, imperfeições e erros, podemos explorar nossos próprios sentimentos. Em certo sentido, as semelhanças que encontramos confirmam nossos próprios sentimentos. Ficamos tranqüilizados por aquilo que sentimos não ser diferente daquilo que sente aquela pessoa famosa.

O público fica fascinado pelas pessoas reais que estão por trás dos papéis interpretados pelos astros, assim como sua companheira fica fascinada pelo seu verdadeiro eu. Você pode não ser famoso, mas é o número um na vida da sua companheira e ela quer conhecê-lo por dentro e por fora. Pode ser que você nunca escreva suas memórias, mas pode contá-las a sua companheira. Para ela, a dualidade dos papéis que você representa é mais importante que o papel de qualquer ator.

As pessoas famosas que são fortes o suficiente para revelar suas fraquezas, ou os desafios que enfrentaram em suas vidas, cativam o público. Oprah Winfrey, apresentadora norte-americana, conquistou mais popularidade revelando ao público sua luta constante para manter o peso. Betty Ford foi uma inspiração para muitas pessoas quando falou abertamente, em programas de entrevistas, sobre seus problemas com as drogas. Tom Cruise admitiu sua dislexia. Aos olhos do público, essas pessoas são admiráveis pela força que demonstraram ao falar abertamente a respeito de seus problemas. Por que não conquistar o coração da sua mulher? Partilhe com ela suas esperanças e seus temores. Seja forte o suficiente para se arriscar a expor quem você realmente é.

SEU VALOR

Alguns homens são incapazes de separar quem são daquilo que fazem. Durante a Grande Depressão, muitos homens se suicidaram porque perderam a capacidade de ganhar a vida e isso para eles representava a ausência de uma razão para viver.

Merle, um homem jovial em seus quase setenta anos, admitiu ter sido um daqueles que pensaram em dar fim à vida durante aquela época difícil. Ele impressionou a mim e a seus colegas ao afirmar o seguinte: "Vejam, com toda essa conversa de liberação das mulheres que tenho ouvido nas duas últimas décadas, se um casal de idosos ficar sem dinheiro e for obrigado a viver às custas da seguridade social, ninguém apontará um dedo acusador para a mulher e perguntará por que ela não garantiu o sustento do casal. Todos irão apontar para o marido e perguntar por que ele não trabalhou o suficiente para que os dois pudessem desfrutar os anos que lhes restam. A culpa ainda é do homem!"

Em sua maioria, os homens em meus cursos ainda se consideram responsáveis pelo sustento de suas famílias. Eles ainda sentem que devem cuidar de ganhar a vida. Se suas mulheres trabalham, eles preferem encarar isso como uma opção e não como uma necessidade. Mesmo quando questionei homens cujas companheiras ganham tanto quanto ou mais que eles próprios, suas respostas foram do tipo:

* Ela ainda pode se demitir quando quiser, mas eu não.
* Ela trabalha para que possamos ter os extras da vida que não poderíamos pagar se tivéssemos somente o meu salário.
* Ela trabalha para sentir-se bem. Ela sente que é útil e está contribuindo.
* Trata-se apenas de um passatempo que ela transformou em negócio.

Em sua maioria, os homens ainda acreditam que é deles a principal responsabilidade de obter uma renda estável. Em nossa sociedade, onde a ênfase está em se ganhar mais para poder acumular mais riqueza material, não é de admirar que os homens lutem para se destacar e adquirir mais valor aos olhos dos outros. Devido a esta ênfase em se alcançar a riqueza, seu autovalor está, de certa forma, associado à sua capacidade de garantir seu sustento. Se você quiser se tornar um homem verdadeiramente liberado, terá que substituir essas velhas mensagens por uma nova: "O trabalho não tem relação com meu valor como ser humano."

Talvez o seguinte modo de ver ajude: a cada ser humano, no instante do seu nascimento, é atribuído um valor. Esse não muda quando você está doente, desempregado ou velho. Até o dia em que der seu último suspiro, você ainda terá esse valor. Aquilo que você faz ou deixa de fazer não apaga seu valor. Ele é permanente. Madre Teresa de Calcutá tem menos valor porque não recebe um salário por ajudar os menos afortunados? Um padre tem menos valor por abrir mão dos seus bens terrenos para servir a Deus? Uma criança que morre muito pequena não tem valor porque ficou aqui por pouco tempo? Um homem como Donald Trump tem mais valor que um veterano do Vietnã? Um homem que passou a vida construindo um império vale mais que aquele que arriscou a vida lutando por seu país? A resposta é não. Todos nós temos nosso valor.

Muitos homens não compreendem que há tanto valor em educar um filho para que tenha bom caráter e seja um membro respeitado da sociedade quanto há em ganhar o próprio sustento. Muitos homens não compreendem que trazer felicidade para uma companheira e elevar sua auto-estima vale tanto quanto elevar sua própria posição na empresa.

Há muitos aspectos da vida que podem lhe dar uma noção de valor. Ser filho, neto, amante, namorado, marido ou pai de alguém pode trazer mais alegria, realização e recompensas do que qualquer trabalho, desde que você o permita. Nenhum homem, em seu leito de morte, diz que deveria ter passado mais tempo no escritório, nem que deveria ter trabalhado mais e feito horas extras.

Sempre provoco risos quando faço esta afirmação, porque ela é verdadeira. Em seu leito de morte, um homem fala a respeito daquilo que é verdadeiramente importante. O que ele diz é: "Eu deveria ter gasto mais tempo e energia com aqueles que amava e que me amavam".

VOCÊ NÃO É AQUILO QUE FAZ

Um homem que sente a grande disparidade entre aquilo que faz para se sustentar e quem ele realmente é tende a ser mentalmente mais sadio que aqueles que não sabem separar as duas coisas.

Peter Sellers, um ator genial, era descrito pelos amigos como um homem que nunca sabia realmente quem iria ser a qualquer momento. Ele estava sempre "no ar", assumindo tantos personagens diferentes, que ninguém conseguia saber o que era real e o que era mera representação.

Robin Williams, protagonista de comédias como *Uma Babá Quase Perfeita*, é outro gênio com quem é muito difícil lidar de forma convencional. Nem mesmo Barbara Walters conseguiu chegar até ele. Todas as vezes em que ela fazia uma pergunta séria ele mudava de voz e se transformava em outra pessoa, respondendo de forma afetuosa, mas brincalhona. Ele também foi entrevistado pela revista *People* e disse que seu filho pequeno faz com que ele mantenha os pés no chão. Quando ele começa a representar todos aqueles papéis diferentes, seu filho diz: "Não, eu quero meu papai, meu papai *de verdade*."

George Burns, ao contrário, não tem máscaras. Você sente que aquilo que vê é a verdade. Ele sempre fala e escreve abertamente a respeito de si mesmo.

É verdade que nossa sociedade exige que representemos certos papéis. Você consegue imaginar um canditato a um cargo político admitindo que ama o poder, o controle, o dinheiro e a fama? E se ele expressasse em voz alta certas preferências ou preconceitos pessoais? Nunca seria eleito. Jimmy Carter foi arrasado pela imprensa porque admitiu que havia cobiça em seu coração. A sociedade prefere pensar que seu presidente, de algum modo, está acima desses sentimentos.

Com o passar dos anos, muitos homens em minhas aulas têm discutido abertamente a diferença entre os papéis que desempenham no trabalho e seus verdadeiros sentimentos, depois que descobrem que não há nada de errado em se ter emoções conflitantes.

Larry, um experiente cirurgião plástico, disse o seguinte: "Quando estou realizando uma cirurgia reparadora em um paciente com um defeito de nascença ou que sofreu um grande acidente, sinto que estou contribuindo para uma coisa importante. Mas quando uma mulher entra em meu consultório reclamando das bolsas sob os olhos, ou do fato de estar envelhecendo e não gostar disso, realmente nem ligo. É claro que finjo ligar, porque 90% do meu trabalho vem daí. O que eu gostaria realmente de dizer é: 'Isso é duro. Minha senhora, todos nós ficamos velhos, inclusive eu.' Quando ela quer aumentar os seios ou encolher a barriga, sinto vontade de lhe mostrar fotos de pessoas com problemas reais. Mas assim eu ficaria sem pacientes, certo? Então finjo interesse, compreensão e preocupação".

Jon, um jovem com pouco mais de vinte anos, trabalha para uma firma de telemarketing. "Fui ensinado a nunca ser rude com um cliente em potencial, quaisquer que sejam as circunstâncias. Bem, vocês não acreditariam como as pessoas podem ser grosseiras ao telefone. Elas desligam na minha cara e sinto de fato vontade de ligar novamente e dizer: 'Dane-se você também!' Elas esperam eu fazer meu discurso inteiro e no final dizem que não têm a menor intenção de comprar nada e que eu não deveria ter ligado para elas. Isso me deixa realmente frustrado e eu gostaria de dizer: 'Seu estúpido! Por que se mostrou tão interessado?' Mas não faço isso. Simplesmente agradeço pela atenção que me dedicaram."

Vinnie, que é vendedor de carros há dez anos, disse: "É muito frustrante ver um homem escolher um carro que lhe agrada e depois trazer sua 'mulherzinha' para vê-lo. Ela começa a lhe dizer por que não gosta do carro e eu, educadamente, lhes mostro mais cinqüenta modelos. Na verdade, o que sinto é raiva, aborrecimento e uma grande vontade de dizer ao sujeito que ele não é homem! Será que ele não pode tomar uma decisão sem ela? É claro que não faço nada disso. Ajo como se fosse o melhor amigo deles, cujo único desejo é vê-los felizes com a escolha que fizerem."

Curtis, um psiquiatra com grande clientela em uma área de alta renda na Califórnia, admitiu: "Quando essas mulheres ricas entram em meu consultório tentando 'encontrar a si mesmas', isso me deixa doente. Elas não têm nada, a não ser tempo de sobra e ninguém em quem pensar, a não ser em si mesmas. Às vezes sinto vontade de condensar seus anos de análise em alguns minutos, nos quais eu lhes diria que parassem de sentir pena de si mesmas, de pensar em si mesmas e começassem a pensar em como ajudar alguém que tenha problemas reais. Obviamente não faço isso, mas que tenho vontade, isso eu tenho."

Barry, um treinador de futebol de uma equipe escolar que é respeitado pelo seu talento de produzir uma grande equipe todos os anos, disse: "Estou muito cansado e entediado. Fico pensando que este é meu nono ano e que se tiver que fazer novamente o mesmo discurso, morrerei. Olho para aqueles garotos, que no início estão completamente fora de forma, e sinto vontade de mandá-los para casa fazer outra coisa e eu vou junto. Em vez disso, faço de algum modo o mesmo discurso para motivá-los e me mostro muito interessado no bem-estar deles. Acho que a essa altura eu deveria pedir demissão, porque não estou mais me envolvendo naquilo."

Estes são apenas alguns exemplos de homens como você, que aprenderam como precisam agir para continuar ganhando a vida. Como não podem revelar seus sentimentos a seus clientes, pacientes ou chefes, é importante que eles possam falar sinceramente com suas companheiras. Não a deixe de fora, achando que ela não irá compreender. O conforto, a compreensão e o estímulo que você receberá lhe darão as forças de que necessita para se levantar todas as manhãs e ganhar a vida.

NÃO SE DESCULPE POR UM SENTIMENTO

Às vezes, um pedido de desculpas por alguma coisa que você fez é apropriado, mas nunca se desculpe por aquilo que sentiu. Os sentimentos devem ser reconhecidos, revelados e expostos. Eles nunca estão errados. Sentimentos são sentimentos.

* Eu não deveria me sentir tão embaraçado.
* Eu não deveria me sentir tão pouco à vontade.
* Eu não deveria me sentir tão derrotado.
* Eu não deveria me sentir tão frustrado.
* Eu não deveria me sentir tão confuso.
* Eu não deveria me sentir tão desapontado.
* Eu não deveria me sentir tão irritado.
* Eu não deveria me sentir tão contente.

Nunca tente julgar seus sentimentos. Eles são o que são. Como eu já disse, você pode ter tido pais que lhe disseram que você não tem direito de se sentir de uma certa maneira, mas isso não é verdade. Você tem todo o direito de sentir exatamente o que sente, e o mesmo se dá com sua companheira.

Essa é a parte difícil, permitir a outra pessoa aquilo que você nunca se permitiu fazer. Portanto, mais uma vez a pergunta é:

"Agora que estou obtendo novas informações, posso tentar ser um melhor companheiro?"

Se uma mulher quiser dividir com você um sentimento, seja de medo, dor ou embaraço, as piores respostas serão:

* Você não deve se sentir assim.
* É tolice sentir-se assim.
* É inacreditável como você exagera nas suas reações.
* Por que você tem que fazer tempestade em copos d'água?

Em vez disso, apenas ouça e a seguir diga-lhe que ela tem razão de estar se sentindo daquela forma. Faça com que ela saiba, sem a menor dúvida, que você se importa com ela.

Uma vez, quando eu estava aguardando no aeroporto, entreouvi uma garota dizendo ao seu namorado que seus pés a estavam matando a ponto dela sentir-se mal. Não pude acreditar no que ouvi quando ele respondeu: "Vá se queixar a alguém que se preocupe com isso."

Esse mesmo rapaz irá sacudir a cabeça chocado quando ela finalmente lhe der o fora. O que ele precisava lhe dizer era: "Oh, você deve estar se sentindo mal. Temos tanto para caminhar e seus pés estão doendo. Venha, vamos achar um lugar para você se sentar." Se ele tivesse gasto apenas três segundos do seu tempo mostrando interesse pelo bem-estar dela, ela se sentiria confortada e ele teria um lugar seguro em seu coração.

Você nunca viu uma criança chorando e sua mãe dizer: "Venha cá que eu vou dar um beijo onde está doendo para você sarar"? A criança pára de chorar imediatamente e, de fato, sente-se melhor. O princípio é o mesmo. Há três mensagens que acompanham o beijo:

1. Eu dou ouvidos àquilo que você diz.
2. Compreendo o que está dizendo.
3. Quero confortá-lo.

Na próxima vez em que sua companheira estiver sofrendo, chame-a para perto de você e diga-lhe que você a beijará e ela se sentirá melhor. Funciona maravilhosamente e é uma alternativa bem-vinda aos chavões:

* Ora, vá tomar uma aspirina.
* Pare de reclamar.
* Se acha que está sofrendo, vou lhe contar o que estou sentindo.

Essas certamente não são demonstrações de compreensão do que ela está sentindo.

NÃO LEVE PARA CASA

Alguns homens cometem o grande erro de levar suas frustrações do trabalho para casa. Imagine dois copos d'água à sua frente. Um é de água límpida e representa sua vida pessoal, e o outro contém água turva e representa sua vida profissional. Por que você iria querer derramar a água turva no copo de água límpida? O máximo que conseguiria seriam dois copos de água turva. Por que não mantê-los separados? Se seu trabalho não satisfaz suas expectativas e é uma fonte de insatisfação, é claro que você deve revelar seus sentimentos a esse respeito, mas não descarregue tudo na pessoa que ama. Não leve suas insatisfações para casa. A decisão é sua. O fato de uma parte da sua vida não estar dando certo não significa que a outra também precisa ir mal. Você pode decidir que fez o melhor possível nas oito horas de trabalho e dedicar o restante do dia a fazer feliz a mulher a quem ama. "Darei a ela tudo o que puder."

Cal concordou que seu humor em casa estava diretamente relacionado ao dia que tinha no trabalho. "Por mais que tentasse, Samantha nunca conseguia me fazer mudar de humor; então ela parou de tentar. Logo que nos casamos, ela procurava me confortar ou dizer alguma coisa bem-humorada, mas eu apenas queria me afundar em minhas preocupações e frustrações. Hoje ela mal nota quando chego em casa. Normalmente ela está ocupada com alguma coisa. Acho que não é muito divertido viver com alguém que está sempre amuado, cansado e frustrado, especialmente se não se consegue fazê-lo mudar de humor."

Faça um levantamento de todos os traços positivos que você possui, de todas as suas forças, e torne o tempo que passa em casa tão importante quanto o tempo que passa no trabalho.

ATAQUE O PROBLEMA, NÃO A PESSOA

Às vezes você acha que sabe o que está sentindo, mas não está seguro quanto à razão de estar se sentindo assim. A raiva sempre foi um traço masculino aceitável. Você pode ter visto seu pai atirando coisas, gritando obscenidades ou usando violência física.

Nós tendemos a exibir um comportamento que nos é familiar. É por isso que as estatísticas mostram que uma criança criada com violência e abusos tende a se tornar um adulto violento e agressivo. Você tende a repetir como adulto aquilo que viu quando criança, a menos que esteja disposto a parar, pensar e se retreinar para reagir de forma mais positiva e proveitosa. Na próxima vez em que sentir raiva de sua companheira, pare e pense no que está, de fato, sentindo. Isto requer tempo e prática, mas os resultados valem a pena.

Harold teve uma chance de praticar este exercício logo que foi para casa depois da aula. Ele esperava que sua mulher o cumprimentasse e estivesse ansiosa por ouvir aquilo que ele havia aprendido naquele dia, mas quando chegou em casa ela estava absorta conversando ao telefone com uma amiga. A primeira reação de Harold foi de raiva.

Ele disse: "Minha reação normal teria sido dizer à minha mulher que a única coisa que ela sabia fazer era conversar, que ela não passava de uma tagarela."

Você pode imaginar como terminaria a noite.

Harold prosseguiu: "Parei e pensei no que estava realmente sentindo e, quando ela desligou o telefone, eu lhe disse que a caminho de casa eu havia sentido muita vontade de conversar com ela sobre a aula, porque tinha sido muito proveitosa, e fiquei desapontado quando a vi ao telefone, porque precisaria esperar pela minha vez de falar."

Janis respondeu: "Oh, meu amor, sinto muito. Bárbara havia acabado de ligar, e era um interurbano. Ela estava muito aborrecida por causa das notas do seu filho na escola. Procurei confortá-la e desliguei assim que pude. Agora sente-se e conte-me tudo. Quero saber de tudo o que aconteceu."

Depois daquilo os dois puderam desfrutar a companhia um do outro e ambos foram dormir felizes, ao invés de irritados.

Dennis disse que na maior parte das vezes ele voltava do trabalho e encontrava a casa toda em desordem. Havia brinquedos espalhados por toda parte, as camas nunca estavam arrumadas e a pia estava cheia de pratos. Ele admitiu que de vez em quando chamava sua mulher de estúpida; resmungava em voz baixa, mas alta o suficiente para que ela ouvisse. Então ele parou e pensou em seus verdadeiros sentimentos. A seguir, chamou sua mulher e contou como a desarrumação da casa fazia com que ele se sentisse desvalorizado.

Ele lhe disse: "Eu fico realmente com vontade de voltar para casa e, se soubesse que você também estaria olhando o relógio e se preparando para minha chegada, me sentiria muito especial. Sinto-me insignificante quando você não faz nada para arrumar as coisas. A aparência da casa incomoda-me a maior parte do tempo. Minha mãe era uma alcoólatra que costumava dormir até as três da tarde. Eu nunca levava meus amigos à minha casa, porque tinha vergonha do lugar em que morava. Não gosto de me sentir da mesma maneira agora. Sei que com as crianças não é fácil e que você está fazendo o melhor que pode, mas talvez pudéssemos contratar uma arrumadeira em tempo parcial para facilitar as coisas para você."

Dennis disse que no dia seguinte já viu uma mudança notável no comportamento de sua mulher. Não só os brinquedos estavam guardados, os pratos limpos e o jantar pronto, mas havia música no ar, as crianças tinham saído e sua mulher, para seu espanto, estava arrumada para sua chegada. Mais tarde ela lhe disse que iria se esforçar para fazê-lo sentir-se valorizado, porque ele significava muito para ela. Ela disse que simplesmente havia deixado de ser uma esposa e assumido exclusivamente o papel de mãe.

Nos últimos meses as brigas de Terry tinham como tema central o dinheiro que Myrna, sua mulher, gastava. Todas as vezes em que recebia uma fatura do MasterCard, ele fazia um discurso. Acusava-a de ser uma "bruxa rica", sua expressão favorita, que não sabia o que significava um dólar. Ela obviamente não tinha controle e ele tomou providências para parar com os seus gastos. Cancelou seus cartões de crédito e sua conta bancária e passou a lhe dar uma mesada. Aquele casamento estava entrando depressa pelo cano! Ele a sentiu cada vez mais distante e seu casamento estava desmoronando. Durante o curso, ele pensou bem em seus verdadeiros sentimentos e resolveu se abrir com sua mulher, para ver se isso traria alguma mudança.

Terry convidou Myrna para jantar fora, para que pudessem conversar em paz. Quando ele explicou que desejava falar sobre dinheiro, a primeira reação dela foi: "Escute aqui, de repente você virou um pão-duro que só pensa em si mesmo. Agora também vai estragar este jantar, dizendo que só posso comer os pratos mais baratos?"

Ele sentiu sua raiva crescer, mas esforçou-se para ficar calmo e não reagir. Ele começou dizendo: "Não, você pode comer qualquer prato do cardápio e se não houver nada de que goste, eu mando fazer um prato especial. O preço não é problema."

Isso acalmou Myrna instantaneamente, e ele sentiu que a tensão dela se desfez. Então ela mostrou-se muito mais receptiva àquilo que ele tinha a dizer. Terry começou a explicar que sua empresa tinha comunicado que haveria um grande número de mudanças dentro de poucos meses, uma das quais seria demitir muitos funcionários e forçar a aposentadoria daqueles que tinham muito tempo de casa. Ele lhe disse: "Como já estou com cinqüenta anos, meu nome está na lista daqueles que terão sua aposentadoria antecipada. Meu chefe disse que espera que eu fique preparado para isso. Eu não queria lhe contar, porque não via necessidade de nós dois nos preocuparmos com o futuro. Na minha idade, não será fácil achar outro emprego com o salário que recebo hoje. Sempre pensei que poderia manter nosso padrão de vida. Agora estou com medo que você me deixe porque não tenho dinheiro e vá procurar um homem mais rico."

Myrna ficou chocada com o que estava ouvindo. "Você acha que eu o amo por causa das coisas que me deu? Eu o amo pelo que você é, não pelo que temos! Fico muito aliviada por saber que esta é a razão para você ter estado tão insuportável ultimamente. Pensei que você tivesse outra mulher e que fosse gastar seu dinheiro com ela e riscar meu nome da sua vida. Imaginei que você quisesse me irritar para que eu pedisse o divórcio. Mas esta é uma situação que podemos resolver. Não precisamos de uma casa grande, agora que nossos filhos estão crescidos. Podemos comprar um apartamento pequeno com o dinheiro da venda da casa e ainda ficar com dinheiro suficiente para viver confortavelmente. Há muitos anos que eu quero trabalhar, pois isso me trará certa satisfação pessoal. Hoje estou com tempo livre demais. Vamos resolver tudo isso juntos."

Não é um grande recomeço para Terry e Myrna? Como eles, a maioria dos casais briga constantemente por coisas que nada têm a ver com seus verdadeiros sentimentos, até ser tarde demais.

Venho de uma família na qual o sono era precioso. Quando um estava dormindo, todos os outros caminhavam nas pontas dos pés e falavam baixinho. Na primeira manhã da minha lua-de-mel, fiquei chocada ao sentir meu marido me abraçando e sussurrando que estava na hora de levantar. Não pude acreditar no que estava ouvindo. Eram seis e meia da manhã, para mim o meio da noite, especialmente porque tínhamos ficado acordados até uma da manhã. Como o Snoopy, sou alérgica a manhãs.

Então, o que fez esta maravilhosa recém-casada? Comecei a gritar com meu marido: "Como você ousa me acordar quando estou dormindo! Você não tem consideração e é um grande egoísta!"

Em tom muito amoroso, ele explicou que simplesmente não podia esperar mais para estar comigo. Ele havia esperado anos para acordar ao meu lado, acariciar-me e depois tomar café comigo. "Além disso", disse ele brincando, "teremos tempo de sobra para dormir quando morrermos!"

Minha idéia, é claro, era tomar um café reforçado por volta de meio-dia, e não um desjejum às sete da manhã. Mas pude perceber que ele se sentia solitário e rejeitado, então me levantei. Até hoje, nos fins de semana, eu me forço a levantar muitas horas mais cedo do que gostaria. Em defesa do meu marido, devo dizer que ele fica acordado até muito mais tarde do que gostaria, só para me agradar. É desnecessário dizer que nos fins de semana, pelo fato de nos amarmos muito e querermos agradar um ao outro, somos um casal muito cansado — mas feliz! Agora, se naquela primeira manhã da lua-de-mel ele tivesse reagido de forma diferente, eu poderia não ter a compreensão ou o desejo para mudar meus hábitos de dormir. Se ele tivesse começado a me chamar de preguiçosa ou me acusasse de não ter consideração, eu poderia ter me irritado e certamente entraríamos em conflito.

Portanto, lembre-se: Se você ficar mal-humorado, falar palavrões e fizer acusações, é certo que sua companheira irá ignorá-lo, discutirá com você ou tentará ofendê-lo de algum modo. Por outro lado, se você parar para pensar por que está irritado e então, de forma amorosa, disser a ela o que está sentindo realmente, terá uma mulher que lhe corresponderá, sendo uma companheira mais afetuosa, compreensiva e estimulante. Isso não é fácil, mas vale o esforço extra.

O CONFLITO É NECESSÁRIO

Muitos casais afirmam que nunca brigam. Na verdade, quando os dois finalmente se separam ou se divorciam, todos ficam surpresos e o comentário geral é: "Não posso acreditar. Dale e Leesa pareciam tão felizes. Eles nunca discordavam!"

Nem sei quantas vezes uma mulher ou um marido chegou à minha aula sem saber por que seu companheiro ou companheira havia ido embora. Todos dizem que não havia nenhum sinal de insatisfação. Você já deve conhecer a história do marido que saiu para comprar leite e nunca mais voltou. Posso lhe garantir que se duas pessoas nunca discutem, isso significa que pelo menos uma pessoa no relacionamento nunca expressa seus sentimentos. Nada pode ser pior para você e para seu relacionamento do que reprimir seus sentimentos. É como cobrir uma granada de mão com um lenço de seda para impedi-la de explodir.

O conflito conduz ao crescimento e não necessariamente ao divórcio. É impossível encontrar duas pessoas que concordem inteiramente a respeito de tudo. A discussão é um método saudável e necessário para resolver a tensão existente entre duas pessoas que têm personalidades, pontos de vista, modos de agir e prioridades diferentes.

A raiva nada mais é que um sentimento básico de sofrimento, decepcionamento, preocupação, medo ou embaraço que está sendo oculto. Somente através de conflitos e discussões é que duas pessoas podem entender os pontos de vista uma da outra e chegar a algum acordo. Neste processo, você constatará não só que existe crescimento pessoal, mas também mais intimidade e sensualidade entre os dois.

Muitos de meus alunos ficam chocados ao saber aquilo que meus vizinhos já sabem há muito: meu marido e eu discutimos o tempo todo. Em nossos vinte e quatro anos de casamento, tenho certeza de que muitas janelas foram fechadas por vizinhos que não queriam nos ouvir, gritando um com o outro. (Para outros, é provável que tenhamos proporcionado um entretenimento noturno!) Nós dois somos voluntariosos e defendemos nossas opiniões. Talvez o fato de sermos ambos os primogênitos em nossas famílias tenha algo a ver com isso. Não reprimimos nenhuma hostilidade. Tudo é posto para fora, discutido e resolvido. Ninguém guarda ressentimentos, nem finge não estar aborrecido com o outro.

Admito que com o passar do tempo, conseguimos entender o ponto de vista um do outro mais depressa e as discussões, que costumavam levar horas, são hoje muito mais curtas. No final de toda discussão sempre temos uma nova compreensão, além daquele maravilhoso sentimento de proximidade que vem com a alegria de se chegar a um acordo.

Harry que tinha dezessete anos de um casamento feliz com Rhonda, disse: "Somos especialistas em discussões. Costumávamos discutir a respeito de tudo. Ela ficava louca da vida quando eu largava minhas calças no chão, deixava pêlos na pia depois que eu me barbeava, não avisava quando ia chegar tarde, aceitava compromissos sociais sem consultá-la e mudava de canal na TV quando ela estava vendo um programa. Eu achava a mania de arrumação e as fortes emoções dela irritantes. Mas nossas brigas nunca duravam muito e, depois de tantos anos, conhecemos nossas posições e temos maior respeito um pelo outro."

Este tipo de relacionamento é muito menos frágil que aquele no qual marido e mulher fingem não se aborrecer ou não discordar. Os casais que põem para fora seus sentimentos têm mais chance de se conhecerem melhor e se respeitarem mutuamente. Mais importante, sua vida sexual não é afetada por raivas reprimidas. Os casais que não brigam, mas passam por longos períodos de silêncio, estão na verdade brigando sem palavras. Embora não haja ruídos fora do quarto, também é muito provável que não haja ruídos dentro dele.

Stan decidiu que estava na hora de enfrentar o conflito que vinha evitando a anos no casamento. "Eu sempre achei que minha mulher, que trabalha em tempo parcial como enfermeira, deveria assumir mais responsabilidades na casa. Como eu trabalhava em tempo integral e ela apenas quatro horas por dia, eu achava que não deveria executar tarefas domésticas, nem cuidar das crianças à noite. Meu raciocínio era que aquele que ganha mais dinheiro durante o dia merece um pouco de paz e sossego à noite. Todas as vezes em que Dorothy se irritava com a quantidade de trabalho que tinha para fazer, eu simplesmente me desligava. Eu sabia que ela sempre estava com aparência muito cansada e nunca correspondia a mim sexualmente, mas achava que ela era assim mesmo e me apegava a isso.

"Uma noite, depois da sua aula, fui para casa e disse a Dorothy que precisávamos conversar. Eu queria ouvir seu ponto de vista e prometi que não iria explodir. Ela explicou que era verdade que trabalhava fora apenas quatro horas, mas também trabalhava em casa dez horas, cozinhando, limpando e cuidando das crianças. Isso dava um total de quatorze horas por dia, seis a mais que as minhas oito. Ela disse que não se sentia mais uma mulher, mas sim uma empregada. Passamos horas conversando e concluí que ela de fato precisava da minha ajuda. Desde então venho fazendo a minha parte e Dorothy é uma mulher diferente. Ela diz que acrescentei duas horas por dia à sua vida e que vai fazer bom uso delas, cobrindo-me de afeição."

Brian nunca queria discutir, porque não via motivo para isso. O fato de Anita trabalhar até tarde todas as noites o aborrecia, mas ele não era o tipo de homem que quisesse conflitos. Depois de aprender que o conflito pode esclarecer muita coisa e levar a um crescimento, ele decidiu que estava na hora de fazer uma tentativa.

Ele contou que uma noite simplesmente deixou escapar: "Não agüento mais você trabalhar até tarde todas as noites. Você passa mais tempo com seu chefe do que comigo."

A reação imediata de Anita foi de raiva. "Como você ousa sentir-se assim!" gritou ela. "Estou apenas tentando fazer meu trabalho, e além disso meu chefe precisa de mim!"

Quando Brian finalmente admitiu que se sentia solitário e também precisava dela, eles chegaram a um acordo. Anita concordou em dizer ao chefe que só poderia trabalhar até tarde uma noite por semana, porque precisava passar as outras noites com seu marido. Brian também revelou sorrindo que na noite seguinte àquela em que ele havia dito que se sentia negligenciado eles tiveram uma noite na cama como há muito não tinham.

PREOCUPE-SE COM ELA, EM VEZ DE TIRAR VANTAGENS

Nenhum dos parceiros quer que o outro tire proveito dele, nem que não se preocupe com ele. Faz parte da natureza humana tentar tirar proveito da generosidade ou do bom gênio de outra pessoa. Preste muita atenção a essa tendência e certifique-se de que nenhum dos dois faça isso.

Se você tivesse uma secretária que trabalhasse até tarde e nos fins de semana para concluir o trabalho que lhe deu, dificilmente lhe diria: "Sabe, você tem trabalhado demais. Por que não me diz não de vez em quando para trabalhar menos?" Sua tendência seria lhe dar cada vez mais trabalho, mudando somente se ela dissesse que estava com excesso de trabalho e ganhando pouco. Só então você passaria a reconhecê-la como ser humano e não como máquina.

Também faz parte da natureza humana achar que uma vez que uma pessoa se apaixona por você, isso será para sempre. Quando finalmente uma mulher diz "Eu detesto você", você fica sabendo que os sentimentos podem mudar de um dia para o outro. Se qualquer um de vocês guardar sentimentos ruins, estes lentamente dominarão os bons. Somente depois que ela o abandonar, você irá se lembrar o que os fez viverem juntos. O conflito nos faz parar e pensar. Você pode não perceber imediatamente que seu comportamento causou o afastamento dela, mas quanto mais ela defender a posição dela, mais você será forçado a parar e pensar nela e em seus sentimentos.

Procure entender os sentimentos dela e falar a ela sobre os seus. Conte-lhe seus problemas e ouça os dela e lembre-se, é comum não concordar em tudo. Se você vive sozinho, não tem que enfrentar nenhum conflito e nem tem com quem discutir. Mas se vive com outra pessoa, é importante entender que o conflito sempre fará parte das suas vidas. Não o evite, aprenda e cresça com ele.

ATIVIDADE Nº 4

1. Comece a dar atenção ao que você sente e aos sentimentos de sua companheira. Sempre que sentir raiva ou ressentimento, pare, pense no que está realmente sentindo e explique a ela seus verdadeiros sentimentos. Não acumule ressentimentos, adiando suas necessidades para uma ocasião mais oportuna.

2. Reserve uma noite esta semana e peça à sua companheira que participe deste exercício. Cada um de vocês escreve uma biografia com dez afirmações. Se alguém tivesse que compreender seu *verdadeiro* eu, quais são as dez coisas importantes que ela precisaria saber? Revele a pessoa que está por trás da máscara que você usa. Revele seus verdadeiros sentimentos, em oposição às aparências superficiais. Por exemplo:

- Tenho pavor de ficar velho.
- O ponto decisivo de minha vida foi quando meu pai morreu.
- Tenho medo de rejeição.
- Para mim é muito importante você me amar e eu ser especial para você.
- Tenho medo de ser um fracasso.
- Para mim é difícil pedir ajuda.
- Sinto-me preso em meu trabalho.
- Pareço forte no trabalho, mas muitas vezes isso é somente uma fachada.
- Quero ser fisicamente atraente para você.
- Sinto que deveria ser um pai melhor e passar mais tempo com meus filhos.

3. Esta semana, faça o possível para deixar no escritório suas preocupações e frustrações relativas ao trabalho. Ao chegar em casa, cumprimente sua companheira com entusiasmo e procure lhe dar o melhor de você.

Querida Ellen,

Ninguém acredita na mudança que ocorreu comigo. Deixei de me sentir deprimida e insegura a maior parte do tempo para me tornar a mulher que sempre quis ser, irradiando confiança e felicidade. Brinco e rio o tempo todo. É como se uma nuvem negra se fosse, deixando o sol aparecer. No trabalho até perguntaram se eu estava grávida, porque uma mulher sempre parece brilhar durante esse período. Eu ri e disse: "Não estou grávida, apenas contente e muito feliz." Tudo isso por causa da nova atmosfera em nossa casa. Herbert tornou-se um ótimo marido. Hoje ele tem mais paz e harmonia do que jamais vi. Não consigo parar de pensar sobre a sorte que tivemos em ficar sabendo sobre seu curso.

Com carinho,

Sue

CINCO

O Que Atrai, O Que Afasta

UM EXAME RIGOROSO DE SI MESMO

Pedi às minhas alunas que indicassem os quinze traços que mais as aproximavam dos homens e, a seguir, os quinze que mais as afastavam. Mas lembre-se, se você não prestar muita atenção àquilo que a afasta, nunca terá a chance de se aproximar dela.

AFASTA	ATRAI
FALTA DE AUTO-ESTIMA	CONFIANÇA
PREGUIÇA	SENSO DE HUMOR
FALTA DE HUMOR	INTELIGÊNCIA
FALTA DE CORAGEM	APOIO
FALTA DE OBJETIVOS	SENSIBILIDADE
FALTA DE COMPREENSÃO	ALTA AUTO-ESTIMA
FALTA DE TERNURA	OBJETIVOS
NEGATIVISMO	IMAGINAÇÃO
EGOÍSMO	INDEPENDÊNCIA
CIÚMES EXTREMOS	DESEJO
INSEGURANÇA	CORAGEM
DEPENDÊNCIA SUFOCANTE	SOLIDARIEDADE
AUTOPIEDADE	DETERMINAÇÃO
FALTA DE CONFIANÇA	SENSO DE INTEGRIDADE

Use esses fatores como guia para aumentar sua consciência de si mesmo e ampliar seu crescimento pessoal. Você não só conseguirá se aproximar de sua companheira, mas também irá sentir-se bem consigo mesmo no processo.

UMA JORNADA AO SEU INTERIOR

Ninguém gosta de ser rejeitado, ignorado, desapontado ou trocado por uma companheira ou companheiro mais conveniente, mas são exatamente essas reações das pessoas importantes em sua vida que o forçam a olhar para dentro de si e a esforçar-se para crescer e obter mais conhecimento e compreensão a seu próprio respeito.

Apaixonar-se é a parte fácil. Não requer esforço e é agradável. Permanecer apaixonado é o grande desafio. Requer esforço, tempo, concentração, conhecimento e compromisso. Estranhamente, estes são os mesmos ingredientes necessários para o sucesso na vida profissional. A parte fácil é conseguir um emprego. A parte difícil é preencher os requisitos necessários à permanência no emprego.

Sempre peço aos meus alunos que declarem se eles acham que são de ferro, de veludo ou uma combinação de ambos. De trinta e cinco homens, aproximadamente quinze se autodefinem como sendo de ferro, outros quinze identificam-se ao veludo e os cinco restantes acham que são uma combinação de ambos. Nas semanas seguintes, fica evidente para todos que aqueles que possuem ambos os traços não só estão mais aptos para satisfazer as mulheres, mas também são em geral os mais realistas a respeito de si mesmos e os mais realizados.

Vamos começar juntos sua jornada interior e desenvolver suas qualidades de ferro e de veludo, para que você possa melhorar aquilo que já é. Se você puder combinar a força de um leão ou tigre com a suavidade de um ursinho de pelúcia, se puder ser duro como uma rocha e suave como a neblina que flutua, você poderá se tornar o homem mais cobiçado do mundo.

O QUE AFASTA UMA MULHER

É importante iniciar a observação pelos traços que afastam uma mulher porque, como eu já disse, se você não estiver consciente dos resultados do comportamento negativo, nunca terá a oportunidade de mostrar à sua companheira que homem extraordinário você realmente é.

INDECISÃO

Nenhuma mulher gosta de um homem indeciso. Se ela lhe pergunta se ele quer ir ao cinema no sábado à noite, o Sr. Indeciso diz "Vamos ver" ou "Talvez". Se ela pergunta em que restaurante ele quer comer ou que tipo de comida lhe apetece, ele responde "Não sei" ou "Tanto faz". Se ela pergunta onde ele gostaria de passar as férias, sua resposta é "Resolva você".

Brad descreveu da seguinte maneira seu comportamento indeciso: "Sou muito despreocupado e estou certo de que esta foi uma das razões pelas quais Mandy se apaixonou por mim. Porém, eu a estava deixando louca. Nunca expressava minhas opiniões e certamente nunca tomava nenhuma decisão, fosse ou não importante. Minha resposta usual era 'Qualquer coisa que você quiser, querida, estará bem para mim'. Tenho certeza de que Mandy às vezes queria me bater. Ela devia se sentir como se estivesse sozinha, com excesso de bagagem na casa — eu. Ela me disse isso apenas uma vez, e que gostaria de ter uma boa discussão a respeito de pontos de vista ou decisões diferentes. Depois da aula de Ellen, comecei a dar minhas opiniões a Mandy e fiz um esforço para me tornar mais decidido. Senti-me realmente melhor comigo mesmo e creio que ela descobriu um novo respeito por mim."

Outra coisa que pode deixar uma mulher louca é um homem que fica sempre lhe fazendo perguntas. Até mesmo as adolescentes lhe dirão que detestam quando um garoto telefona para marcar um encontro e começa com "Você está ocupada sábado à noite?" É claro que sabemos por que ele pergunta. Se ela disser que não estará ocupada, ele não se sentirá um tolo por convidá-la. Se ela disser o contrário, então ele poderá mudar de assunto rapidamente.

Mas uma garota preferiria ouvir algo como "Eu gostaria de sair com você no sábado à noite, se não tiver outro compromisso."

Sei que parece uma diferença sem importância, mas a garota irá respeitá-lo imediatamente por se arriscar a fazer um convite em lugar de uma pergunta. Além disso, quando ele pergunta se ela estará ocupada, ela se sente tola por dizer que não. Para ela, isso significa "Não, não tenho nada para fazer, porque não sou tão procurada", ou "Não, porque ninguém me convidou para sair."

Com freqüência, quando um homem faz uma pergunta em vez de expressar um desejo, a primeira resposta que vem à cabeça dela é: "Se ele precisa perguntar, então a resposta é não."

A pergunta "Posso beijá-la?" pode ser substituída por "Estou com vontade de beijá-la."

"Você quer que eu lhe compre um presente?" pode ser mudada para "Vou lhe comprar um presente." (Neste caso, mesmo que ela diga não, a resposta sempre significará sim.)

Muitas vezes para você tanto faz e você quer apenas agradar sua companheira, mas se ela tiver que tomar todas as decisões, ela acabará arcando com um excesso de responsabilidade e perderá a consideração que tem por você.

CONTROLE

Alguns homens acham que devem tomar todas as decisões. São os homens de ferro, como eles orgulhosamente se proclamam. Existe uma grande diferença entre viver com um homem que possui aquela maravilhosa resistência do ferro e também é um líder democrático, tendo sua mulher como principal conselheira, e viver com um tirano.

Alfred foi um dos que se ofereceram para expor sua nova visão de seu relacionamento. "Eu era o tirano descrito por Ellen. Tratava minha mulher como uma marionete e puxava todos os cordões. Eu decidia a hora de termos filhos, escolhia a casa em que viveríamos, o carro e os amigos com quem sairíamos. Eu controlava tudo. Escolhia quando e onde tiraríamos férias, a comida que ela deveria preparar e quando, onde e como faríamos sexo.

"Yolanda tinha apenas dezenove anos quando nos casamos e eu vinte e nove. Seu pai havia abandonado sua mãe quando ela era muito pequena, e por isso ela aceitou bem minha personalidade de cuidar de tudo. Acho que eu gostava de ser o pai que ela nunca teve, mas a novidade acabou para ela anos atrás. Agora ela tem trinta e cinco anos e me diz constantemente que gostaria que houvesse mais respeito em nosso casamento, que quer uma parceria, não uma ditadura. Finalmente, estou vendo que se não começar a levar em consideração suas opiniões, necessidades e idéias e aprender a arte da negociação, terei problemas sérios."

Quando um homem dá opiniões, ou toma decisões que considera benéficas, nunca deve se esquecer de acrescentar: "O que você acha?" ou "Do que você gostaria?" Ele também precisa estar disposto a mudar algumas vezes seus planos originais. Isso faz parte do ato de amar chamado compromisso.

SABOTAGEM

Terrence disse que explodiu quando Claire, sua mulher, decidiu que queria voltar a estudar e diplomar-se professora. "Rosnei para ela, dizendo: 'Ótimo, vá em frente. Você provavelmente será reprovada no exame. Você nunca foi uma boa aluna'. Para piorar as coisas, eu disse que não sabia o que ela estava tentando provar. Ela não achava suficiente o dinheiro que eu ganhava? Acrescentei que não iria ajudá-la nem um pouco enquanto ela estivesse brincando de estudante. Mantive essa promessa e Claire tinha que cuidar de todas as atividades das crianças, além das tarefas domésticas. Ela nunca tinha tempo para estudar. Eu de fato acreditava que se a mantivesse 'sem eira nem beira', teria uma mulher leal. Para ser honesto, eu temia que ela progredisse mais que eu. Antes deste curso, ninguém me havia dito que se eu levasse em consideração suas necessidades e a ajudasse a crescer em termos pessoais, ela iria me amar ainda mais. Em conseqüência da minha falta de compreensão, ela acabou sendo reprovada em três matérias e é desnecessário dizer como está se sentindo. Ainda que leve o resto da minha vida, vou encorajá-la a tentar novamente, mas desta vez com minha ajuda."

Martin nos contou que sua mulher estava com excesso de peso e estava tentando fazer regime. "Sou culpado de sabotar Adriana", disse ele. "Eu levava biscoitos e sorvetes para casa e lhe dizia que como ela só iria perder peso por um curto período, por que se torturar? Eu fazia o possível para convencê-la de que ela não tinha força de vontade, enquanto punha o sorvete na mesa. Na verdade, eu temia que se ela perdesse todo aquele peso, ela me abandonasse e encontrasse outro homem. Acho que nunca considerei a possibilidade dela poder me amar mais se eu a apoiasse quando ela fixava metas para si mesma e a encorajasse a atingi-las."

Terrence e Martin compreenderam que as realizações pessoais das suas mulheres fariam com que elas amassem mais profundamente os homens que haviam ajudado a tornar aquilo possível.

CIÚMES

Alguns homens acham que o ciúme é uma prova do seu amor. Na realidade ele é uma prova de insegurança e um homem inseguro não é nem um pouco atraente para uma mulher. Sentir ciúmes é normal em qualquer relacionamento amoroso. Todo homem quer lembretes diários de que sua companheira não irá procurar campos mais verdes, superá-lo ou encontrar outras pessoas ou atividades mais excitantes e interessantes que ele.

Mas o ciúme extremo acaba arruinando um bom relacionamento. Se sua mulher tem amigos, interesses, obrigações e atividades que a afastam de você por algum tempo, são suas acusações constantes que irão afastá-la definitivamente, e não os amigos, interesses ou atividades.

Quando duas pessoas se amam, é preciso haver confiança entre elas. É normal você querer que ela lhe diga o que fez quando estava longe de você. São perguntas que você pode fazer esperando respostas honestas.

— "Por que você está chegando tão tarde?"
— "Quem estava na festa?"
— "Aconteceu algo de interessante hoje?"

Quando ela responde de forma aberta e honesta, não fica bem chamá-la de mentirosa ou dizer com sarcasmo: "Sim, claro, agora conte a verdade", ou "Com quem você paquerou?" ou "Quantos sujeitos tentaram cantá-la?" Perguntas como estas começam a atacar a integridade da sua companheira. Também é normal ela supor que se você é tão inseguro a respeito dos sentimentos dela, talvez ela deva preocupar-se com *você*. Se você pensa que ela anda paquerando, isso talvez se deva ao fato de você fazê-lo quando ela não está por perto. Se pensa que alguém está tentando cantá-la, pode ser porque você costume fazer isso.

Chad viu imediatamente a tristeza que estava causando à sua namorada. "Todos os dias eu submeto Rebecca a um interrogatório. É como se eu fosse um sargento instrutor e ela, uma nova recruta. Ela vive dizendo que poderia muito bem ter um caso com outro, porque não importa o que diga, eu nunca acredito. Meu ciúme se traduz em silêncio prolongado e raiva, apesar de no fundo eu saber que ela não fez nada de errado. Hoje estou vendo que se não parar com isso, meu medo se tornará realidade. Afinal, ela está recebendo a mesma punição que receberia se estivesse saindo com outros homens. É minha insegurança que irá afastá-la de mim, não um outro homem."

ACUSAÇÕES E RECLAMAÇÕES

Os homens que não assumem a responsabilidade pelas suas próprias vidas precisam de um álibi para explicar por que se sentem tão infelizes ou não-realizados. Eles gastam a maior parte do seu tempo e energia culpando outras pessoas, acontecimentos ou coisas pelas suas deficiências ou infortúnios, reclamando delas em vez de se esforçarem o máximo possível. Eles desenvolveram uma grande lista de desculpas.

* *Pais* — Se eu tivesse pais melhores.
* *Esposa* — Se minha esposa me apoiasse mais.
* *Chefe* — Se eu tivesse um chefe melhor.
* *A economia* — Se não tivéssemos inflação, nem juros altos.
* *Saúde* — Se eu não fosse tão doente.
* *Aparência física* — Se eu fosse mais bonito.
* *Capacidade mental* — Se eu fosse mais inteligente.
* *Idade* — Se eu fosse mais jovem.
* *Personalidade* — Se eu não fosse tão tímido.
* *Destino* — Se eu tivesse mais sorte.

Rapaz, é uma lista e tanto, não? Quem pode argumentar com todos esses álibis, todos esses "Ses"?

Pois eu lhe digo quem pode. Qualquer um que tenha realizado qualquer coisa em sua vida, apesar das suas deficiências. Roosevelt poderia ter usado sua saúde como desculpa para não concorrer à presidência. Kennedy poderia ter feito o mesmo com sua religião. Truman poderia ter usado como desculpa a falta de um diploma universitário.

Você não precisa considerar a possibilidade de concorrer à Presidência da República, mas seria melhor se gastasse menos tempo culpando coisas sobre as quais não tem controle e começasse a se preocupar em assumir sua própria vida. Para uma mulher, é deprimente viver com alguém que está sempre reclamando.

Leon explicou que era um daqueles homens que sempre chegam em casa reclamando e culpando qualquer coisa ou pessoa pelo dia horrível que teve. "É como se eu fosse um pneu furado e Jean, a bomba. Ela sempre se esforça muito para me inflar. Pobre mulher! Não é de admirar que tenha se tornado hostil. Quem infla o ego dela? Vou tentar olhar para um espelho e atribuir uma parte da culpa a seu verdadeiro responsável."

Cheryl revelou sua frustração com Ray, que sempre chega em casa de mau humor. "A família inteira caminha sobre ovos quando Ray entra. Ele sempre está irritado por causa do trânsito e do tempo que levou para chegar em casa. Começa xingando os garotos por deixarem as bicicletas na frente da garagem ou seus brinquedos na entrada. A casa nunca está suficientemente limpa ou arrumada, por mais que eu me esforce, e ele costuma reclamar de qualquer coisa que eu faça para o jantar. E Deus não permita que alguém telefone para mim antes ou depois do jantar, impedindo que eu ouça os lamentos dele. Nossos filhos o aborrecem com sua conversa 'sem sentido', segundo ele. Eles têm apenas cinco e sete anos, mas ele deixa bastante óbvio que a conversa deles o chateia. Ray critica tudo o que eu faço e está sempre dizendo como eu deveria fazer."

Depois de freqüentar meu curso, Ray começou a ver que embora não pudesse mudar algumas das pequenas coisas irritantes que nos acontecem todos os dias, podia mudar seu modo de vê-las e suas reações a elas.

"Comprei fitas de auto-ajuda para ouvir enquanto estava preso no trânsito", disse ele. "Isso me acalmou muito. Também decidi procurar notar todas as coisas que Cheryl faz para me agradar e elogiá-la ao invés de criticá-la. Compreendi que seus telefonemas eram importantes, porque às vezes eram sua única fonte de estímulo externo. Afinal, ela fica com as crianças o dia inteiro. Acima de tudo, finalmente passei a dar valor a esses garotos maravilhosos e à minha mulher, que realmente se interessa por mim."

Você também pode tomar a decisão de melhorar a qualidade da sua vida. Se assumir uma atitude positiva em relação às pessoas, aos acontecimentos e coisas da sua vida, você pouco terá para culpar e menos ainda do que reclamar.

EXIBICIONISMO

As mulheres se afastam de homens exibicionistas. Eles nunca param de falar a respeito de si mesmos. Passam horas relatando em detalhe como foi seu dia, falando sobre suas metas, idéias e realizações, e nunca perguntam nada às suas companheiras.

Certa vez, numa das turmas femininas, todas estavam ansiosas para saber como tinha sido o encontro de Julie, porque na semana anterior ela nos havia contado que tinha conhecido um homem maravilhoso enquanto esperava seu carro no mecânico. Eles conversaram apenas alguns minutos e ele lhe pediu o número do seu telefone. Ele telefonou e Julie combinou um encontro para a noite de sábado.

Ficamos desapontadas quando ela disse "Esqueçam! Ele passou a noite falando de si mesmo. Cinco horas sem parar. Eu poderia ter saído, ido às compras e voltado, que ele não teria percebido. Depois de duas horas eu simplesmente me desliguei e na verdade não ouvi mais nada. Ele não fez uma única pergunta a meu respeito. Que egomaníaco!"

Félix, um médico, admitiu que também era centrado em si mesmo. "Trabalho no pronto-socorro de um grande hospital. Quando chego em casa, costumo deixar claro que não estou interessado em escutar os assuntos triviais do dia-a-dia de Tammy como dona de casa. Sempre achei que meu trabalho era muito mais importante que o dela. Hoje compreendo que salvar vidas é importante, mas dar uma boa formação a nossos filhos também é."

Quando um homem atribui a si mesmo e àquilo que faz mais valor do que à mulher da sua vida, está automaticamente enviando a seguinte mensagem: "Não é você que é importante. Sou eu."

Se você não se mostrar disposto a ouvir quantas fraldas ela trocou e quantas vezes o bebê arrotou, poderá acabar deixando de ouvir coisas que ela acha importantes e, acima de tudo, ela também deixará de ouvi-lo. Existe um ditado que diz: "Ninguém se interessa por quanto você sabe, até você mostrar interesse."

Quando um homem chega tarde em casa sem se ter dado ao trabalho de avisar, a questão não é o jantar que ficou à sua espera, mas sim o sentimento de insignificância da sua mulher. Se você tiver um compromisso com um cliente e não puder chegar na hora marcada, telefonará para avisá-lo. A pessoa mais importante da sua vida merece menos? Um homem que atribui muita importância à sua companheira tem a cortesia de telefonar para avisá-la que irá se atrasar. Se a sua desculpa for:"Eu estava no meio de uma reunião", isso quer dizer que decidiu que as pessoas com quem estava eram mais importantes que sua companheira. Uma mulher quer ser tratada com a mesma consideração que você daria a qualquer VIP e ela não merece menos que isso.

SÓ TRABALHO E NADA DE DIVERTIMENTO

Trabalhar sem parar, sem nunca se divertir, não só torna Jack um rapaz sem graça, mas também um companheiro chato. A ambição é definitivamente um dos traços que as mulheres acham atraentes nos homens, por bons motivos. A ambição pode levar ao dinheiro, ao poder e às vezes à fama. Mas as mulheres que se ligam a *workaholics* (viciados em trabalho) ambiciosos são normalmente muito solitárias e acham muito alto o preço que pagam. Os iates que possuem nunca são usados, as casas de praia vivem vazias e suas roupas e jóias nunca são vistas pelos seus maridos ausentes.

No início, alguns homens vêem seu valor somente em termos do dinheiro que ganham. Com o tempo eles aprendem que a menos que consigam equilibrar o poder de ganhar dinheiro com o poder de se divertir, eles acabarão perdendo a família, os amigos e, pior, se destruirão.

* Reserve tempo para observar um nascer do sol ou um crepúsculo.
* Reserve tempo para tirar férias.
* Reserve tempo para aprender alguma coisa junto com sua mulher. Velejar, jogar golfe, tênis e andar a cavalo são alguns exemplos.
* Reserve tempo para apreciar a beleza da natureza. Faça uma caminhada pela praia ou por um bosque.
* Reserve tempo para ficar sentado na grama.
* Reserve tempo para parar e cheirar uma flor.
* Reserve tempo para ouvir o canto dos pássaros.
* Reserve tempo para ouvir o sopro do vento.
* Reserve tempo para sentir o calor do sol.

Permita-se relaxar, fugir às obrigações diárias e sonhar de olhos abertos. Isso não só equilibrará toda essa ambição que você tem, mas também a diversificará.

Jake, um empresário bem-sucedido com quase setenta anos, que veio fazer o curso em busca de algumas respostas quanto às razões pelas quais havia sido abandonado por sua mulher de quarenta e seis anos, admitiu tristemente: "Eu deveria ter sido melhor marido e pai. Gostaria de não ter levado minha vida tão a sério. Eu deveria ter brincado mais e trabalhado menos."

Decida, enquanto ainda tem opções, levar uma vida mais equilibrada, para ter menos motivos de arrependimento. Isto quer dizer que você precisa parar de vez em quando e ver aquele pôr-do-sol de mãos dadas com a pessoa mais importante de sua vida.

A NECESSIDADE DE AMAR

Alguns homens têm feito meu curso porque não conseguem prender por muito tempo o interesse de uma mulher. Eles foram "largados" repetidamente por mulheres que preferiram um companheiro mais adequado. Tendo sido rejeitados muitas vezes, eles passam por grande sofrimento emocional.

Randy ficou depois da aula para me pedir alguns conselhos. "Não entendo por que Jane quer ser minha amiga. Já ouvi isso mais vezes do que gosto de admitir. A outra frase que sempre escuto é que não há nada de errado comigo, mas com ela. Fiz o possível para agradá-la, e agora ela quer me deixar."

Era evidente que Randy *precisava* ter um relacionamento. Esse era o problema. Existe uma grande diferença entre optar por ter um relacionamento e precisar tê-lo. O desespero é um fator que afasta a maioria das mulheres. Uma mulher quer que você seja um ser humano completo, com ou sem ela, e não dependa dela para se sentir inteiro. Quando você desenvolve seus próprios objetivos, interesses e pontos de vista, ela se sente atraída pela perspectiva de ter um homem a quem respeita. Quando um homem faz tudo somente porque está tentando desesperadamente agradar a uma mulher, ou ele ainda não se desenvolveu ou desistiu de ser ele mesmo para ser amado por ela.

Faz parte da natureza humana querer aquilo que não se tem. Aquilo que podemos ter a qualquer momento e em qualquer lugar é muito menos desejável que aquilo que está fora do nosso alcance. Algumas vezes, é necessário assumir uma atitude indiferente no início de um relacionamento.

Mas deixe-me contar a respeito do final feliz de Randy. Ele telefonou para Jane e deixou-a com as seguintes palavras: "Escute, sei que sou a melhor coisa que já lhe aconteceu e se você não consegue enxergar isso, azar o seu." E começou a sair com outras mulheres. Ele adotou uma atitude mais descontraída e despreocupada e descobriu que muitas mulheres se sentiam atraídas por ele e queriam namorá-lo. Um mês depois, ele recebeu um telefonema de Jane. Ela disse que não agüentava mais e que não tinha dado valor ao que tinha até perdê-lo. Ela pediu para voltar e ele lhe disse que precisava pensar. "Foi a melhor sensação do mundo vê-la chegar sozinha àquela conclusão, enquanto eu me divertia", disse ele. Um ano depois, recebi um cartão deles, participando seu casamento.

Tenho uma frase maravilhosa pendurada na parede da minha sala de aula: "Se você ama uma pessoa, deixe-a livre. Se ela voltar, é porque gosta de você." Se você é um homem carente e dependente, precisa aprender a agir de forma independente e confiante. Quando você constatar os resultados desse comportamento, aquilo que começou como uma representação passará a fazer parte de você. Você precisa se mostrar como uma pessoa que pode viver com ou sem ela.

Por mais forte, bem-sucedida e independente que seja uma mulher, ela busca um homem a quem possa respeitar e admirar. Em sua busca por um homem decidido, ela irá testar seus limites. Se você não tiver nenhum limite porque teme perdê-la, então ela passará por cima de você. A partir do instante em que ela achá-lo fraco, previsível, dependente e carente, todas as chances de romance estarão terminadas.

Debra contou à classe como seu amor por Mel se transformou em amizade. "Conheci Mel na empresa em que trabalho. Fui imediatamente atraída pelo seu senso de humor e sua indepedência. Eu tinha vinte e dois anos, ainda morava com meus pais, e Mel tinha seu próprio apartamento. O ponto decisivo em nosso relacionamento ocorreu quando fui designada para viajar por duas semanas para concluir um negócio. Mel literalmente se desfez em pedaços diante de mim. Ele começou a se lamentar porque eu provavelmente iria conhecer outro homem enquanto estava fora. Também ficou falando que não seria capaz de fazer nada na minha ausência. Implorou para que eu dissesse ao nosso chefe que não poderia ir. De repente enxerguei aquele indivíduo frágil e triste, que estava criando um enorme caso por nada. Acabei viajando e ele me ligava pelo menos três vezes por dia no trabalho e deixava pelo menos duas mensagens para mim no hotel. Só de pensar que teria que voltar ao final das duas semanas me dava pavor. Finalmente juntei coragem para lhe dizer que eu simplesmente não estava preparada para um relacionamento sério com ele."

Mel deveria ter fingido que passaria bem sem ela. Se ele tivesse dito apenas: "Tenho certeza de que sentirei sua falta, mas duas semanas passam depressa e logo você estará de volta aos meus braços", Debra não teria perdido o respeito por ele. Ele poderia ter se encontrado com amigos e saído com eles. Quando telefonasse, poderia contar a ela a respeito de suas atividades. Ela teria sentido uma pontinha de ciúme por ele estar se divertindo tanto na sua ausência e ficaria ansiosa por voltar para seus braços.

FALTA DE SENSIBILIDADE

Você já deve ter visto em restaurantes, lojas ou estacionamentos, o homem que deixa em situação desagradável a mulher com quem está por tocá-la de uma forma totalmente imprópria para um local público. Toques íntimos somente devem ser feitos em termos íntimos, em ocasiões íntimas e em um local também íntimo. As mulheres são unânimes em dizer que não suportam quando um homem as agarra em suas "partes íntimas". Para falar a verdade, fiquei surpresa ao constatar quantas mulheres têm que suportar esse tipo de comportamento dos homens de suas vidas.

Érica explicou que gostava muito do seu noivo, mas sua atitude em público deixava-a irritada. "Quando subíamos numa escada rolante, ele apertava meu traseiro. Se eu lhe dizia para parar com aquilo, ele ria. Sei que parece loucura, mas comecei a evitar locais que tivessem escadas rolantes. Mas isso não o detinha. Se estávamos com outro casal, de repente ele apertava meus seios na frente deles. Eu queria morrer de vergonha e ele ficava com um sorriso malicioso nos lábios. Para ele não tinha importância o lugar em que estivéssemos, nem quantas pessoas havia por perto quando ele tocava partes íntimas do meu corpo. Tentei explicar como eu me sentia e perguntei como ele se sentiria em meu lugar. Sabem o que ele respondeu? 'Vá em frente, eu adoraria! Faça de mim um objeto sexual e você verá se eu reclamo'."

Esta é outra diferença entre homens e mulheres. As mulheres detestam ser tratadas como objetos sexuais, ao passo que alguns homens fantasiam a este respeito. Para uma mulher, este é o maior dos insultos. Um amor verdadeiro não envergonha nem humilha a pessoa com quem você está. Se você estiver fazendo a ela aquilo que gostaria que fizessem com você, respeite o fato dela ter necessidades e estímulos diferentes. Respeite os desejos dela assim como gostaria que ela respeitasse os seus. Se você se opusesse ao fato de sua mulher se vestir de maneira provocante em público e ela ignorasse seus sentimentos, você teria vergonha de sair em sua companhia. Não existe uma mulher que não queira que todos saibam que o homem com quem está a respeita. Você precisa descobrir o que a faz sentir-se bem ou mal e agir de acordo com isso. Este é um sinal de um bom parceiro.

Se você não se identificou nem um pouco com nenhum desses homens, está de parabéns. Se reconheceu, fique tranqüilo de que poderá mudar rapidamente esses comportamentos. Ao reconhecer esses traços e admitir que pode ter alguns deles, você deu o primeiro passo para se tornar o maior amante do mundo.

O talento para criar um equilíbrio perfeito entre força e ternura não costuma ser inato para a maioria dos homens. É preciso tempo para desenvolvê-lo, mas esta é uma meta pela qual você pode lutar continuamente. Observando com atenção as reações da sua companheira ao seu comportamento, você terá um quadro mais claro a respeito dos aspectos em que precisa se concentrar mais.

O QUE ATRAI UMA MULHER

Vamos agora examinar alguns traços que atraem as mulheres. Preste muita atenção a eles e cultive-os. Você não só atrairá sua mulher de uma forma que nunca imaginou, mas também gostará mais de si mesmo!

CONFIANÇA IRRADIANTE

Você já pensou que sua aparência é que o impede de fazer que uma mulher o ame? Bem, você está errado. *A beleza está nos olhos de quem vê.*

Quando peço às mulheres para listarem os traços masculinos que consideram importantes, o número um em quase todas as listas é a autoconfiança. Um homem que sabe quem é e sente-se seguro sempre vence. Não é sua aparência que afasta as mulheres, mas seu modo de agir. A beleza está naquilo que se faz.

Se você acha que é muito baixo, muito alto, careca, que suas orelhas são grandes, seus olhos são feios ou não gosta de qualquer outro traço físico, pense em alguns dos homens mais disputados do mundo, no passado e no presente. Woody Allen, Carlo Ponti, Gene Wilder, Telly Savalas, Michael Tucker, Henry Kissinger, Dudley Moore e Danny DeVito nunca tiveram qualquer problema para atrair mulheres. Nem todas as mulheres estão atrás de um rosto de Tom Selleck, nem de um corpo como o de Arnold Schwarzenegger.

Lisa resumiu isso certa noite, e todas as mulheres na classe concordaram. "Um homem verdadeiramente *sexy* é aquele que gosta de si mesmo e sabe como tratar uma mulher com respeito, compreensão e delicadeza."

SENSO DE HUMOR

O que faríamos sem o senso de humor? O humor pode nos ajudar a superar as piores situações e tornar as boas ocasiões ainda melhores. Para a maior parte das mulheres, o senso de humor é um dos traços mais valiosos que um homem pode possuir.

Anos atrás, uma amiga estava me ajudando a clarear meus cabelos e eu tive uma reação alérgica ao produto. Ela imediatamente me levou ao hospital do jeito que eu estava, com o produto ainda nos cabelos. Como resultado, meus cabelos ficaram sob sua ação muito mais tempo do que deveriam e durante meses eu tive cabelos cor de laranja. Meu marido foi muito simpático e cuidou bem de mim. Um dia ele disse: "Sabe de uma coisa, não está tão mau. Você sempre agiu como uma 'Lucy' (programa humorístico de TV estrelado por Lucille Ball) e agora está parecida com ela." Ele me chamou de Lucy durante semanas, e eu não me importava. Meu marido tem um senso de humor muito irônico e engraçado e esse é um dos motivos por eu ter me apaixonado. Ele sempre me fez rir, especialmente quando o humor é necessário numa situação embaraçosa.

Muitas vezes, o elemento surpresa é engraçado. Mason contou que uma noite resolveu mudar sua posição na cama em cento e oitenta graus. Colocou os pés sobre o travesseiro e a cabeça nos pés da cama. Sua mulher veio do banheiro no escuro, deitou-se e conversou um pouco com ele, como fazia todas as noites. Então ela se virou, pensado que fosse se encostar no peito dele, mas em vez disso viu-se abraçando um pé. Quando se levantou na manhã seguinte, ela ainda estava rindo.

Wade entrou no quarto completamente nu, com um saco de papel na cabeça. Em voz séria, ele perguntou à mulher: "Você ainda me reconheceria se não pudesse ver meu rosto?" "Alícia chorou de rir", contou ele à classe. "Ela não conseguiu parar de rir por pelo menos uma hora."

Murray conseguiu que Jana começasse o dia com um sorriso. Logo que o despertador tocou, ele subiu por cima dela para sair da cama. Quando ela lhe perguntou o que estava fazendo, ele respondeu que todos os dias se levantava pelo lado esquerdo da cama, o que era muito solitário. Naquele dia ele havia decidido se levantar pelo lado direito, onde tinha companhia. Jana riu e me contou que pensou naquilo o dia inteiro.

Estes exemplos são engraçados devido ao espírito no qual aconteceram. Mas há uma diferença entre este tipo de humor e uma observação mordaz feita com crueldade e insensibilidade.

Donald explicou que antes de fazer o curso, Jill costumava ser a vítima das suas piadas. "Quando havia outras pessoas por perto, eu zombava do seu modo de cozinhar, de dirigir, dos seus interesses e de qualquer outra coisa que me ocorresse. Hoje compreendo que aquilo que fazia era realmente desprezível." Donald contou que no sábado anterior alguns amigos tinham ido visitá-los e ele conscientemente deixou passar uma oportunidade para mais uma piada cruel. "Jill havia tido uma aula de percepção extra-sensorial", disse ele. "Nossos amigos pareciam muito interessados naquilo que ela dizia e em vez de agir como de costume, dizendo algo como 'Pois é, na próxima semana ela vai aparecer no *Fantástico*', eu passei meu braço sobre seus ombros enquanto ela falava. Quando ela terminou, eu disse: 'Estou realmente orgulhoso por Jill ter aprendido tantas coisas.' Ela ficou radiante e me beijou. Mais tarde, disse que havia ficado surpresa por eu não ter feito nenhuma piada com ela. O que ela não sabia era que eu havia decidido não fazer mais aquilo."

Aqui estão algumas diretrizes para ajudá-lo a julgar se uma coisa é ou não engraçada.

* É engraçada se você tiver certeza de que não irá ferir a sensibilidade dela.
* É engraçada se você não estiver se divertindo com alguma fraqueza dela.
* É engraçada se ela não ficar aborrecida.
* É engraçada se você não estiver revelando algo que ela tenha lhe contado em segredo.
* É engraçada se não a humilhar.

CONTE COMIGO

Em nenhuma outra época a combinação ferro-veludo é tão importante quanto em tempos de estresse. Uma mulher precisa de um homem com o qual possa contar ao seu lado, alguém em quem possa se apoiar. Para ela, é importante que você seja um amigo, além de amante.

Alguns homens sentem-se tão mal quando suas companheiras ficam doentes, passam pela morte de um ser amado ou qualquer outra tragédia, que optam pela saída fácil quando surgem essas emergências. Eles preferem não enfrentar os problemas e arranjam desculpas para desaparecer, mental ou fisicamente. Nada desaponta mais uma mulher. Todo o respeito que ela podia ter desaparece. Se o seu relacionamento é duradouro, pode apostar que mais cedo ou mais tarde um evento imprevisto irá arrasar a vida da sua companheira.

Simon disse que esta aula teve um grande impacto sobre ele. "Minha sogra morreu há três semanas", começou ele. "Janine era muito apegada à mãe, e quando ela morreu em um acidente de carro, Janine ficou desesperada e completamente confusa. Eu sou órfão. Passei minha infância em uma série de lares adotivos, que me ensinaram a contar somente comigo mesmo. Tendo a ser um tanto reservado e sinto-me mal diante de demonstrações públicas de emoção. Acho que isso provém dos muitos anos em que mantive ocultas minhas próprias emoções para não sofrer. Se eu não tivesse assistido a essa aula, minha reação à tristeza da minha mulher teria sido de convencê-la a fazer os arranjos para o funeral, chamar o restante da família e, 'pelo amor de Deus, contenha-se!'

"Em vez disso, procurei perceber a situação pela qual ela estava passando e respeitei seus sentimentos, embora fossem diferentes dos meus. Fiz o possível para ajudá-la naquele momento. No funeral, ao invés de pedir para ela se conter, apenas abracei-a e fiquei repetindo que a amava, e que sempre estaria ao seu lado. Depois ela disse que nunca irá se esquecer de como fui maravilhoso e o quanto eu a apoiei, e que não sabia o que teria feito sem mim."

Phillip disse que estava envergonhado com seu comportamento até então, mas estava disposto a revelá-lo na esperança de com isso impedir que outros homens fizessem o mesmo que ele. "Penny, minha mulher, teve um aborto há alguns anos e precisou ser hospitalizada. Quando ela tentou me encontrar, minha secretária disse que não sabia onde eu estava. Cheguei em casa às nove da noite, completamente exausto. Na secretária eletrônica havia uma mensagem do hospital. Liguei para lá e fui informado de que ela estava em recuperação e dormindo; assim, decidi esperar até a manhã seguinte para falar com ela. A verdade é que eu detestava hospitais e não suportava a idéia de ir até lá.

"Na manhã seguinte, quando telefonei, ela me disse poucas e boas. Falei que tinha achado que ela estava em boas mãos, e que nada poderia fazer para ajudá-la. Ela tentou explicar que precisava de mim para apoio moral, não para assistência médica. Desde então, as coisas não foram mais as mesmas entre nós. Ela se mostrava educada, mas distante. Acabamos de descobrir que ela está novamente grávida. Ontem à noite eu lhe prometi que desta vez estarei ao seu lado e disse que havia agido como um tolo. Também concordei em ir às aulas sobre parto e em ficar na sala de partos, coisas às quais havia me negado totalmente a fazer no passado. O brilho nos olhos dela e a aparência do seu rosto valeram o esforço de colocar as suas necessidades antes das minhas. Há muitos anos eu não me sentia tão próximo a ela e nunca mais farei nada que possa pôr em risco seu amor por mim."

Eu passei por várias cirurgias e não posso me imaginar despertar e não ver meu marido ali, segurando minha mão e me confortando. Ele também detesta hospitais (creio que a maioria das pessoas sente o mesmo), mas seu amor e sua preocupação com meu bem-estar sempre foram mais fortes que o desconforto que ele sente dentro de um hospital.

Quando minha mãe morreu, não sei o que teria feito se ele não tivesse se encarregado de todas as providências. Como eu estava abalada, foi maravilhoso ter alguém que estava pensando com clareza. Era antevéspera do Natal e não foi fácil conseguir lugar num vôo para a Flórida. Ele foi diretamente a um agente de viagens e pagou o preço integral da passagem, sem desconto, porque se tratava de uma reserva de última hora. Ele nunca reclamou do preço (coisa que normalmente faria), nem do incômodo de ter que cuidar da casa enquanto eu estivesse fora.

Quando ocorre uma crise, um raio de sol iluminando a escuridão é um homem que diz:

— "Querida, estou aqui com você."
— "Não se preocupe, meu amor, que eu cuido de tudo."
— "Meu bem, pode contar comigo."
— "Meu amor, *apóie-se em mim*."

É claro que esta moeda tem outro lado. Quando você tiver uma grande decepção ou alguma desgraça lhe acontecer, dê a ela o prazer de consolá-lo. Um relacionamento consiste em dar e receber, e um homem que se mantém sempre impassível não permite a aproximação da sua mulher. A capacidade de demonstrar seus sentimentos é a delicadeza que as mulheres consideram necessária para terem um relacionamento íntimo com um homem. Lembre-se das famosas palavras do ministro e autor Robert Schuller: "Os tempos difíceis nunca duram muito; as pessoas corajosas sim." E há um outro ditado, muito conhecido: "Quando as coisas ficam difíceis, as pessoas corajosas vão em frente."Às vezes, a coisa mais difícil que você pode fazer é mostrar que se importa com ela.

APOIO

Um homem realmente autoconfiante é aquele que reconhece o potencial da sua companheira e a ajuda a desenvolvê-lo. De algum modo ele sente que quando ela tiver uma noção melhor de seu valor, terá mais amor para lhe dar. Ele não se sente ameaçado com os talentos dela; ele os encoraja.

Se a mulher da sua vida quiser voltar a estudar para completar sua educação ou fazer um curso avançado, faça o possível para convencê-la de que ela será capaz disso. Se ela quiser trabalhar, mudar de emprego ou for considerada para uma promoção, diga-lhe que a apóia cem por cento. Alivie suas ansiedades a respeito da casa, elaborando um plano pelo qual você passará mais tempo ajudando a cuidar das crianças e fazendo as tarefas domésticas.

Anne será eternamente grata ao marido pelo incentivo que este lhe deu. "Fui uma dona de casa em tempo integral durante quase toda a nossa vida de casados", começou ela. "Quando nossos filhos finalmente foram fazer fora o curso superior, eu me vi com tempo livre e nada para fazer que levasse mais que umas poucas horas. Quando contei a Charlie que queria trabalhar, ele disse que era uma ótima idéia. Ele até me ajudou a comprar roupas novas para usar nas entrevistas.

"Comecei como secretária temporária em uma grande construtora. Todas as noites Charlie perguntava como havia sido o meu dia e se mostrava muito interessado pelo que eu tinha a dizer. Mais tarde, quando meu emprego passou a exigir mais de mim e fui promovida, meu maravilhoso marido sugeriu que jantássemos fora três vezes por semana, pois sabia como eu estava exausta. Ele começou a me ajudar na limpeza da casa e na cozinha. A confiança que ele tinha em mim me contagiou. Sou invejada por todas as minhas amigas por ter um marido como Charlie."

Quando eu finalmente reuni coragem para formar minha primeira classe, precisei de muito dinheiro para alugar um escritório e fazer a divulgação. Meu marido me incentivou a cada passo do caminho. Ele fez um empréstimo substancial para ajudar a cobrir todas as despesas do primeiro ano. No início eu perdia dinheiro todos os meses, mas ele nunca me fez sentir mal ou culpada.

Ele sempre dizia:"Ellen, o mais importante é que você goste daquilo que faz. Se isso for verdade, o dinheiro virá." Ele nunca me disse que era uma má idéia, ou que eu não teria sucesso. Acredito honestamente que se ele tivesse dito isso eu nunca teria começado e, mesmo que tivesse começado, provavelmente desistiria.

EM CONTATO COM A CRIANÇA INTERIOR

Um homem que está em contato com a criança que há dentro de si é, sem dúvida, muito procurado, porque possui muitos traços que as mulheres consideram atraentes. Ele é brincalhão, criativo e tem capacidade para sonhar. É honesto, curioso, solidário e sabe desfrutar o presente.

Como a maioria dos homens, em algum ponto, quando estava atingindo a idade adulta, você deve ter ouvido seus pais ou professores lhe dizerem "Apresse-se e cresça", ou "Por que não age de acordo com sua idade?" ou "Pare de agir como uma criança." Na verdade cheguei a ouvir uma mãe gritar com seu filho de quatro anos, que ria sem parar numa loja de departamentos: "Pare de ser bobo e aja de acordo com sua idade." Tive vontade de lhe dizer "Minha senhora, ele está agindo de acordo com a idade dele!"

Em sua maioria, os homens dão ouvidos aos seus pais e professores e seguem suas instruções; em alguns casos, até excedem suas maiores expectativas. Trocam o comportamento infantil pela maturidade e passam a ser adultos maduros em tempo integral.

Outros têm a sorte de não receber essa mensagem, ou de não lhe dar ouvidos. São esses que conhecem a combinação secreta para abrir o coração de uma mulher.

COMPORTAMENTO INFANTIL

Voltar a ser criança, ser como uma criança, mesmo que seja de tempos em tempos, é uma das qualidades mais ternas que um homem pode possuir. Se você dá a essa criança tanto valor quanto eu, talvez queira trazê-la de volta e torná-la parte da sua vida. Sei que alguns homens a reprimiram tanto que ela está escondida muito fundo, mas com um pouco de persistência você poderá recuperar essa sua parte vital, que será tão boa para você quanto para a mulher que ama.

As Crianças São Brincalhonas — No filme *"Quero Ser Grande"*, o personagem interpretado por Tom Hanks tem um corpo de adulto, mas a mente de um garoto de treze anos. Uma mulher muito moderna e sofisticada sente-se atraída por ele. Quando ela chega ao seu apartamento, ele a convida para pular na sua cama elástica. No começo ela se recusa, por achar aquela atividade infantil e certamente inadequada a uma pessoa já crescida. Mas ele é muito persistente. Ela finalmente concorda, dá um pulo e diz que já chega. Mas ele continua insistindo para que ela pule mais e de repente ela está se divertindo como nunca, pulando cada vez mais alto. Ele conseguiu trazer para fora a "menininha" que havia dentro dela e fez com que ela voltasse a ser brincalhona, uma parte de si mesma da qual ela havia se esquecido. Este é apenas um exemplo de como o comportamento brincalhão pode ser reanimador. No Capítulo 7, "O Amante Imaginativo", darei muitos outros exemplos.

As Crianças São Imaginativas — Uma mulher se excita quando está com um homem que tem imaginação. Ele pode levá-la a lugares distantes sem sair de casa. Ele usa formas criativas de fazer amor e, acima de tudo, sabe como deixá-la apaixonada. Um homem imaginativo nunca é uma companhia entediante.

As Crianças São Sonhadoras — Pergunte a qualquer criança o que ela quer ser, fazer ou ter, e você receberá as respostas mais incríveis. Um homem que ainda tem um sonho ou uma visão daquilo que deseja experimentar ou realizar é um vencedor. As mulheres não são atraídas por homens sem objetivos, que se sentam noite após noite diante da TV para ver os sonhos dos outros se transformarem em realidade. Viver apenas a rotina diária ou pagar as contas não são sonhos dos quais uma mulher gostaria de participar.

As Crianças São Honestas — Toda criança é absolutamente honesta. Pergunte "Você fez isso?" e as crianças contam a verdade. Entretanto, elas logo descobrem que muitas vezes a verdade leva ao castigo. As crianças aprendem a não ser honestas porque, quando o são, enfrentam problemas. Uma mulher sente-se muito segura quando está com um homem que sempre é honesto com ela. Se ela sabe que ele sempre lhe dirá a verdade, confia nele com todo o seu coração.

As Crianças São Curiosas — Sua curiosidade provém de um interesse genuíno por tudo e por todos que estão à sua volta. Um homem que mantém essa capacidade nunca se aborrece. Ele sempre busca novas informações, que lhe abrem os horizontes. Sua busca de conhecimentos nunca pára. Seu interesse pelas outras pessoas significa que ele sempre terá amigos e nunca se sentirá solitário. Este tipo de homem nunca fica estagnado, porque está constantemente crescendo.

As Crianças São Solidárias — Uma criança pode sentir quando você está infeliz e, com a mais maravilhosa inocência, aproximam-se, sentam em seu colo e simplesmente o abraçam. Quando meu filho era muito pequeno e às vezes me via desanimada, ele simplesmente vinha até mim e dizia "Mamãe, eu te amo". De algum modo, sempre deu certo.

O autor e conferencista Leo Buscaglia contou certa vez a respeito de um concurso do qual foi convidado a ser um dos jurados. A finalidade do concurso era encontrar a criança mais solidária. O vencedor foi um garoto de quatro anos, cujo vizinho era um velho senhor que ficara viúvo recentemente. Quando viu o homem chorando, o garotinho entrou em sua casa, sentou-se em seu colo e lá ficou. Quando sua mãe lhe perguntou o que ele havia dito ao vizinho, o garotinho disse: "Nada, eu só o ajudei a chorar." Um homem inestimável é aquele que abraça sua companheira e a ajuda a chorar, ou diz apenas "Eu te amo, minha querida."

As Crianças Sabem Aproveitar o Presente — John Lennon escreveu certa vez: "Vida é aquilo que acontece, enquanto você está ocupado fazendo outros planos." Muitos homens não sabem aproveitar o presente. Estão vivendo no passado, ou estão ansiosos com o futuro. Outra citação que tenho usado muitas vezes é: "O passado é um cheque cancelado, o futuro é uma nota promissória e o presente é dinheiro em caixa." Você já observou uma criança brincando? As crianças não se preocupam com o tempo. Elas não se importam com dez minutos atrás ou com os próximos dez minutos. Concentram-se em cada momento e aproveitam-no ao máximo. E se você puder fazer o mesmo? E se você puder gozar cada momento da sua vida quando ele acontece, ao invés de viver muitos dos seus dias aguardando ansiosamente um evento futuro? Faça um levantamento de tudo aquilo que pode lhe dar prazer neste momento. Você ficará surpreso com o quanto tem para curtir.

Lembro-me de uma mulher que era casada com um mestre-de-obras. No trabalho ele era conhecido como "Norman, o Temporal", mas em casa seu apelido era "Docinho". Acho que toda mulher deseja viver com um docinho. Duas das minhas personalidades públicas favoritas que são definitivamente docinhos são Bill Cosby e Phil Donahue. Ambos se permitem soltar a criança que têm dentro de si. Donahue, com seu jeito de arregalar os olhos e sua curiosidade infantil, e Cosby, com sua voz e suas expressões faciais, conquistaram os corações femininos em toda parte.

Telly Savalas, interpretando Kojak, também ganhou o direito de ser incluído no Hall da Fama dos Docinhos. Lá está ele, um detetive durão que chupa pirulitos. É claro que Kojak é um personagem fictício, mas ele deixa transparecer que sob aquele rugido de leão está um gatinho. Homens como esses não deixam dúvidas de que, embora possam ser brincalhões, também possuem grande força de caráter.

Para alguns homens, aquele "garotinho" está apenas esperando para se revelar. Para outros, ele está escondido um pouco mais fundo; mas solte-o de qualquer maneira. Deixe que seu lado criança chame a "garotinha" que há dentro de sua mulher.

ATIVIDADE Nº 5

1. Examine a lista de traços que afastam e aproximam as mulheres de você e decida que traços precisa desenvolver.
2. Pegue na biblioteca um livro sobre crescimento pessoal.
3. Procure ser mais brincalhão esta semana.
4. Se ela estiver passando por um período estressante, abrace-a e diga-lhe para contar com você. Se você estiver passando por tempos difíceis, apóie-se nela.
5. Se ela pedir sua opinião você deve dá-la, mas lembre-se que é apenas uma opinião. Você não está decretanto uma lei.
6. Se precisar tomar uma decisão, não deixe de pedir a opinião dela.
7. Se você tem sido extremamente ciumento, diga-lhe que sente muito e que procurará confiar mais nela.
8. Tire um dia de folga no trabalho esta semana apenas para parar e cheirar as flores, sentir o calor do sol e gozar o ar fresco. Em vez de ficar um dia sem trabalhar devido a uma doença, será um dia para se divertir.
9. Pergunte-lhe se existe algo que ela deseja fazer ou concluir. Encoraje-a, dê-lhe confiança e diga-lhe que irá ajudá-la de todas as maneiras que puder.

Querida Ellen,

Eu pensava que romance fosse algo possível somente em novelas e filmes, mas meu marido sensato, lógico e prático transformou-se num grande Don Juan. Ele tem organizado românticas fugidas em fins de semana, caminhadas pela praia ao luar, piqueniques no parque e encontros à tarde. Eu também me transformei em uma mulher alegre e apaixonada. Muito obrigado por ter trazido uma dimensão inteiramente nova às nossas vidas.

Com carinho,

Millie

SEIS

Seja Romântico Comigo

É SUA VEZ

As mulheres, em todos os livros que foram escritos a respeito do assunto, sempre receberam as seguintes recomendações:

Use roupas *sexy*, lingerie ousada, cintas-ligas e meias e qualquer outra peça que provoque seu companheiro.

Não circule pela casa com *bobs* ou cremes no rosto. Certifique-se de que seus cabelos estejam penteados e sua maquiagem bem-feita, para ficar o mais atraente possível. Afinal, você não quer que ele ache alguém com quem trabalha mais atraente que você.

Tenha a casa em ordem, para que ele possa voltar para um refúgio de paz e tranqüilidade.

Não deixe de preparar os pratos favoritos dele, porque o caminho até o coração de um homem passa pelo seu estômago.

Toda mulher fica sabendo que se não fizer todas essas coisas, ele perderá o interesse e terá um caso com outra. Eu concordo com isso, e meu livro para as mulheres, *Emoções: Desperte Paixão e Desejo no Homem que Você Ama!*, se baseia nesses princípios.

O único problema com as instruções acima é que uma mulher não desejará segui-las, a não ser que consiga algo mais que a promessa de que você não irá fazer amor com outra. Não é um acordo justo.

Estamos na década de noventa e a mulher dos anos cinqüenta já era. Há quarenta anos, as mulheres faziam tudo para agradar a seus homens, sem esperar nada em troca. Elas não tinham identidade própria e suas vidas estavam nas mãos dos seus maridos.

A mulher de hoje pensa por si mesma e tem sua própria carreira. Ela tem opções.

* Ela não precisa mais ser casada para ter vida sexual.
* Ela não precisa permanecer casada por ser difícil obter um divórcio.
* A sociedade não vê mais com reservas uma mulher divorciada.
* Ela não precisa mais ser casada para ter um filho.
* Ela não precisa mais ficar casada por não ser capaz de se sustentar.
* Ela não precisa mais ficar casada pelo bem dos filhos.

A mulher de hoje somente se mantém casada com um homem, ou fiel a ele, se ela se sentir realizada. Eu sempre digo às mulheres: "Se você não tiver um caso de amor com seu marido, alguém terá." Por outro lado, hoje em dia as mulheres podem dizer: "Se você não tiver um caso de amor comigo, outro homem terá!" Para ela, ficar com você é uma questão de "querer" e não mais de "precisar". Para que ela permaneça fiel e queira passar o resto da vida ao seu lado, você precisa aprender o que ela busca em um homem, o que deseja em um relacionamento e o que é necessário para sentir-se realizada. Caso contrário, você poderá acabar sozinho.

ENTÃO, VOCÊ NÃO É PERFEITO

Quando digo aos meus alunos o que uma mulher busca em um homem para mantê-la desesperadamente apaixonada por ele, muitas vezes suas reações são as seguintes:

* Não sou do tipo sensível.
* Não consigo me comunicar com mulheres.
* Não me sinto à vontade comigo mesmo.
* Não sou uma pessoa que se excita facilmente.
* Tenho dificuldades para me abrir.
* Sou muito reservado.
* Não sou criativo, nem imaginativo.
* Preocupo-me demais com o futuro para aproveitar o presente.
* Não sou um sujeito divertido.
* Nunca estou satisfeito com nada.

Existem muitas razões pelas quais os homens não são românticos. Ao longo dos últimos nove anos, vários homens em minhas aulas têm admitido que não possuem nada de romântico.

Carl disse: "Nunca vi meus pais fazendo outra coisa a não ser brigar. Eles nunca se beijavam, ao menos não na minha frente, nem demonstravam qualquer espécie de afeição. Na verdade, eu simplesmente não sei o que fazer."

Para Carl e para inúmeros outros homens que não tiveram modelos, ser aberto e interessado é um sentimento completamente estranho. Se você não cresceu vendo seu pai ter uma atitude romântica com sua mãe, provavelmente terá dificuldade para agir assim com sua companheira.

O problema de Martin era o medo da rejeição. Ele contou o seguinte: "Estou sempre com medo de passar por bobo. E se eu fizer alguma coisa romântica e ela começar a rir de mim? Não quero que ela pense que sou sentimental ou tolo."

O medo de rejeição é outra razão comum para os homens não desenvolverem seu lado romântico. Todas as pessoas querem ser aceitas, mas isto é mais que aceitação. É querer ser considerado desejável e *sexy* por outra pessoa. Ela poderá rir na primeira vez em que você lhe deixar um bilhete romântico ou um presentinho bobo, mas se você o fizer com todo o seu coração, essas pequenas atenções se tornarão um tesouro para ela. Portanto arrisque-se e você será surpreendido ao constatar como isso poderá fazer com que ambos se sintam bem.

Andy atribui sua falta de romantismo à preguiça. "É muito trabalhoso. Prefiro esperar que façam para mim." Para Andy, dedicar tempo e esforço para mostrar a uma mulher o quanto ele gosta dela é simplesmente cansativo demais. Ele acha que precisa se esforçar no trabalho. Por que fazer o mesmo num relacionamento? Ele não compreende que assim como recebe o pagamento pelos seus esforços no trabalho, ele também será recompensado em casa. Sua companheira será uma mulher feliz, amorosa e apaixonada, ao invés daquela mulher deprimida, irritada, fria e amarga que ele tem hoje.

É longa a lista das razões que explicam por que os homens acham impossível acrescentar à suas vidas uma nova dimensão. Portanto, você tem opções. Pode ser como Carl, Martin e Andy, que parecem ter razões válidas para não ser românticos e poderão acabar sós, ou pode decidir se educar o máximo possível, lendo livros ou recorrendo a um psicólogo, para aprender como mudar sua reação às mulheres. Não estou pedindo que você mude sua essência básica como pessoa, mas apenas a maneira pela qual trata outro ser humano — a mulher da sua vida. Veremos que isso é fácil.

Ninguém é perfeito. As pessoas simplesmente não nascem com todas as características que lhes permitem viver vidas plenas e produtivas sem sofrimento, mágoa e desapontamento. Dizem que a experiência é o melhor mestre. O *feedback* constante de outras pessoas e os acontecimentos sobre os quais não temos controle nos forçam a ir em frente e crescer. A vida é um movimento constante e novas informações freqüentemente provocam novos comportamentos.

BIOLOGIA *VERSUS* PSICOLOGIA

Se um casal tem uma ótima vida sexual, sei que cada um dos parceiros foi um professor maravilhoso e também aprendeu uma lição valiosa.

No Capítulo 1, eu disse que os opostos se atraem, que cada um de nós tem algo a aprender com seu parceiro e algo a lhe ensinar.

O FATOR BIOLÓGICO NO HOMEM, E O PSICOLÓGICO NA MULHER

Normalmente é um homem que acaba ensinando a uma mulher que seu corpo é belo e um motivo de orgulho e prazer. Ele também lhe ensina a valorizar mais o prazer físico, a desfrutar o sexo, a relaxar e se divertir. Isso é muito natural para um homem, porque na maior parte da sua vida ele reage de forma biológica. Um homem fica sexualmente excitado vendo revistas, filmes pornográficos ou pernas bonitas. Sua resposta é imediata e suas reações tendem a ser físicas.

Se um homem é de fato um grande amante, é porque lhe foram ensinadas ternura, compreensão, consideração, sensibilidade e paciência. Para uma mulher, o sexo não é uma reação imediata. Em geral, é uma decisão que ela toma mentalmente, não fisicamente, quando está com disposição para o sexo. Em sua maioria, as mulheres precisam se soltar para ficarem sexualmente excitadas. Para uma mulher, se não houver um sentimento de proximidade, atenção e compreensão, não haverá resposta na cama. Sua mente controla seu corpo.

Sally resumiu bem os sentimentos de muitas mulheres quando disse à classe: "Tudo o que Jerry queria era sexo. Ele nunca falava comigo, nem me abraçava. Na verdade, também não me beijava. Quando eu dizia que não estava disposta para fazer amor, ele me chamava de frígida. Então ele fez o curso de Ellen e se transformou em um homem terno, amoroso e afetuoso, ao invés de um robô. Hoje eu simplesmente não consigo separar o sexo do nosso relacionamento. Para mim, os dois são a mesma coisa."

Quando um homem e uma mulher viveram juntos muitos anos, há uma troca que fica evidente quando eles explicam como um ajudou o outro a crescer procurando alcançar uma realização mútua.

Margaret disse que era terrivelmente tímida e encabulada a respeito do seu corpo, até que Ruben surgiu em sua vida. Ela disse: "Ruben sempre estava dizendo como eu era bela. Eu precisava de toda a minha coragem para vestir as camisolas *sexy* que ele trazia, mas depois seu olhar e seu sorriso me deixavam à vontade. Ele passava horas me abraçando, acariciando e massageando, sempre dizendo o quanto eu significava para ele. Depois de algum tempo, ficava impossível não corresponder. Hoje eu me sinto muito mais à vontade com o meu corpo. Na verdade, até gosto de usar roupas provocantes para excitá-lo."

O EMOCIONAL *VERSUS* O FÍSICO

Se as necessidades emocionais de uma mulher não forem satisfeitas, ela não poderá responder fisicamente a você. Também sei que para você é difícil corresponder emocionalmente a ela, a menos que suas necessidades físicas tenham sido satisfeitas. Homem e mulher são tão diferentes, mas alguém precisa dar o primeiro passo. Se você aprender como uma mulher deseja ser amada, ela irá corresponder de uma forma que você nunca sonhou ser possível.

Perguntei a um grupo de homens e mulheres: "Qual é o momento mais agradável que você passa com a mulher ou o homem que ama?"

A maioria dos homens respondeu: "Quando estamos fazendo amor."

Entretanto, as mulheres responderam de forma totalmente diversa. Nenhuma falou em sexo. A lista delas incluía abraçar, tocar, beijar e conversar.

O fato mais importante que você precisa saber a respeito de como excitar uma mulher é que *uma mulher só está disposta a fazer amor quando suas necessidades emocionais foram satisfeitas.*

SEXO É DOAÇÃO

Para ela, sexo é bondade, gentileza, devoção, compromisso, atenção, paciência e elogios. Começa de manhã, com o fato de você dizer ou não "Eu te amo" antes de sair. É dizer o quanto ela significa para você. É fazer compras com ela. É ajudá-la nas tarefas domésticas. É notar que ela está com um vestido ou penteado novo. É convidá-la para jantar. É telefonar para avisá-la que você vai chegar tarde. É lhe trazer um cartão ou um presente. Para uma mulher, amá-la significa fazê-la saber que é especial, valorizada e querida. É você dedicar tempo para se dar a ela.

Isso é muito diferente daquilo com o que os homens estão acostumados. Em qualquer vestiário de escola do segundo grau você pode ouvir os rapazes perguntando uns aos outros "Conseguiu alguma coisa ontem à noite?" "Marcou pontos?" "Você a conquistou?" Não são perguntas ternas e amorosas, mas sim egoístas e imaturas. Contudo, os homens de todas as idades operam nesse nível, conscientemente ou não, até acontecer uma catástrofe ou até eles mudarem a maneira de encarar o amor.

Portanto, dê-lhe pequenas coisas — sua atenção, seu carinho, sua ternura — e você receberá mais do que jamais esperou. Ao contrário da maioria dos homens, uma mulher não sente vontade de fazer amor só porque você está com ela, mas porque você é gentil com ela.

ATENÇÃO ÀS NECESSIDADES

Se você fosse um vendedor tentando vender seu produto a uma determinada empresa, a primeira coisa que faria seria descobrir quais são as necessidades dela. Caso constatasse que para essa empresa o mais importante é uma mentalidade progressiva, estar na liderança em tecnologia, ser uma inovadora em seu campo e o preço é fator secundário, você perderia a venda se tentasse oferecer seu produto com base na competitividade do preço. Por quê? Porque não prestou atenção àquilo que os representantes da empresa lhe disseram. Por outro lado, uma empresa interessada somente no preço não compraria de você se sua argumentação se baseasse no fato de seu produto ajudá-la a melhorar sua imagem.

Assim como uma empresa, uma mulher lhe diz quais são suas necessidades. Você precisa apenas ouvi-la. E não faça nenhum julgamento de valor do tipo: "A maneira pela qual você quer ser amada está errada. Minha maneira é melhor."

Se uma mulher disser: "Preciso saber que você me ama", um homem poderá responder com: "Estou trabalhando feito um louco para ganhar nosso sustento. Isto não basta?" Mas isto *não* é ouvir. É muito possível que ela veja seu trabalho como uma obrigação que você tem somente consigo próprio e não como uma satisfação das necessidades emocionais dela.

Dominic contou o seguinte à classe: "Eu era o gerente do departamento de atendimento a reclamações de clientes de uma grande corporação. Ficava o dia inteiro escutando problemas e reclamações de pessoas. Certamente, não estava disposto a ir para casa e ouvir minha mulher fazer o mesmo. Quando ela começava a contar os problemas que estava tendo com nossos dois filhos adolescentes, eu me aborrecia e dizia: 'Escute, passo o dia inteiro resolvendo problemas; não estou disposto a passar minhas noites fazendo o mesmo. Tudo o que quero é paz e sossego. Não creio que esteja pedindo demais.' Isso normalmente fazia com que ela parasse. O único problema era que mais tarde, quando eu queria fazer amor, ela permanecia fria. Depois das primeiras aulas, comecei a pensar naquilo que estava fazendo a ela. Eu estava me dando a pessoas que nem mesmo conhecia, mas não à minha mulher. Tudo o que ela pedia era tempo para falar sobre suas frustrações e ansiedades. Ela precisava de ajuda e queria uma pequena orientação. A partir do momento em que comecei a ouvi-la e me dispus a ajudá-la, sua atitude em relação ao sexo mudou completamente."

Charles também passou a compreender as razões pelas quais Tanya tinha problemas para corresponder a ele. "Na verdade, às vezes eu prestava mais atenção a outras mulheres e lhes fazia mais elogios do que à minha mulher. Não importava se fosse a garçonete que estava nos servindo ou uma amiga que fosse nos visitar. Eu sempre dizia alguma coisa para que elas se sentissem bem. Quando Tanya disse que precisava saber se eu ainda me sentia atraído por ela, respondi: 'Bem, é com você que estou morando e não ando com outras, não é?' 'É', disse ela, mas sem conseguir deixar de ter ciúmes e se sentir enganada. Ela me acusou de rasgar elogios às outras e não fazer nenhum a ela. Como resultado das aulas, finalmente compreendi que ela também precisava ouvir o quanto eu a achava bonita, *sexy*, inteligente e maravilhosa. Antes, tudo o que eu lhe dava era a garantia de estar sendo fiel. Mas isso não bastava."

Daryl não achava que fossem necessários presentes para demonstrar seu amor. Todas as vezes em que Patrícia ficava irritada por não ganhar nada pelo seu aniversário ou pelo aniversário de casamento, Daryl respondia: "Você tem tudo o que uma pessoa pode querer. Uma bela casa, um carro e, na minha opinião, anda bem-vestida. Por que essas exigências tolas de presentes? Você nunca está satisfeita com o que tem. Sempre quer mais."

Ironicamente, Daryl sentia o mesmo a respeito da vida sexual deles. Nunca era suficiente. Ele sempre queria mais. Mas não terá, porque não sabe corresponder às necessidades de Patrícia fora da cama.

Se ela lhe pedir flores, não lhe dê um utensílio de cozinha. Se ela pedir que você lhe telefone durante o dia, não venha com a desculpa de que está muito ocupado tentando ganhar dinheiro para sustentá-la. Sua atenção é mais importante para ela do que qualquer quantia que você possa levar para casa. Ouça o que ela está dizendo. Sua mulher lhe diz constantemente do que necessita para corresponder sexualmente a você.

Para uma mulher, sexo não é o ato em si. O jogo preliminar às vezes ocorre horas antes do ato sexual. Talvez antecipação seja uma palavra melhor. Sua atenção pode constituir o fator mais importante para deixá-la predisposta para o ato.

ELE É VISUAL, ELA É VERBAL

Um homem fica excitado vendo fotos de mulheres com roupas provocantes, em poses eróticas. Às vezes, basta uma mulher com pernas bem-feitas ou seios grandes. Foi por isso que em meu primeiro livro, *Emoções: Desperte Paixão e Desejo no Homem que Você Ama!*, dei às mulheres muitas idéias para agradar visualmente aos homens.

Entretanto, uma mulher fica mais excitada com palavras. Ela adora ler novelas românticas, enquanto ele gosta de ler *Playboy*. Quando estou lendo um livro romântico, meu marido se inclina sobre meu ombro e pergunta: "Onde estão as partes boas?" Creio que você sabe a que ele se refere.

Um homem que está vendo um filme pornográfico não liga a mínima para o enredo. A maioria das mulheres que assistir ao mesmo filme dirá: "Por que eles não podem fazer um filme desses com uma boa história e diálogos inteligentes?"

Lynne, uma aluna, contou que assistiu a um desses filmes com seu marido. "Lembro que me concentrei muito no enredo. Finalmente, disse ao meu marido que não tinha entendido. Ele olhou para mim com ar de espanto e disse: 'Mas não há nada para entender'!"

Muitos homens gostam de filmes como *Rambo* e *O Exterminador* porque eles têm ação; eles não querem diálogos inteligentes. Mas faça uma mulher assistir a *An Officer and a Gentleman*, onde o herói e a heroína conquistam o coração dela, e veja como ela fica excitada. Diálogo e afeto antes de fazer amor é o que realmente deixa uma mulher excitada.

Lembre-se, *um homem reage sexualmente àquilo que vê, mas uma mulher reage sexualmente àquilo que ouve ou lê, porque ambos envolvem palavras.*

AMOR PARA TER SEXO, SEXO PARA TER AMOR

Um homem usa o sexo para ter amor. Uma mulher precisa de amor para ter sexo. É por isso que estas duas palavrinhas, "sinto muito", são importantes para uma mulher. Se você a magoou de algum modo por ter sido negligente ou desatento, comece dizendo que sente muito ou escreva um bilhete dizendo: "Por favor, perdoe-me."

Ela quer que você se comunique com palavras, não com seu corpo. Muitos homens têm a tendência de usar o ato sexual para serem perdoados. Eles querem fazer amor para se reconciliarem com suas companheiras. Mas uma mulher precisa de uma reconciliação verbal antes de poder fazer amor. Então, quando se sente novamente próxima, ela pode corresponder ao seu companheiro. E lembre-se: para ela, a resposta não é imediata. Ela precisa de tempo para perdoar.

Admitir que você cometeu um erro não é um ato de fraqueza, mas sim uma demonstração de força. Um homem que nunca assume a responsabilidade ou a culpa por aquilo que faz ou diz não desperta o amor de uma mulher.

Mac aprendeu isso pelo método difícil. Ele contou: "Estávamos casados havia menos de seis meses e eu cheguei tarde em casa, lá pelas duas da manhã, sem ter avisado. Deitei-me o mais silenciosamente que pude e comecei a beijá-la. Ela se voltou para mim e disse: 'Você só pensa em si mesmo.' Eu não estava pensando em mim. Só queria me reconciliar com ela e o sexo era a única forma que conhecia para lhe pedir desculpas. Hoje compreendo que ela precisava ouvir isso. Eu deveria ter dito: 'Amor, sinto muito. Fiquei tão envolvido com os problemas de Vincent que saímos para tomar uma bebida e quando dei por mim, já era uma da madrugada. Por favor, perdoe-me. Prometo que não acontecerá mais. Você sabe que eu a amo e nunca iria fazer nada para magoá-la. Vamos conversar sobre isso amanhã cedo.' Sei que se tivesse feito isso, teria evitado o tratamento frio que ela me deu por três dias."

A EXPECTATIVA DE UM ACONTECIMENTO FUTURO

As mulheres são orientadas para o futuro. Elas têm dificuldade para se concentrar no aqui e agora. Quando uma mulher se apaixona, ela começa a pensar: "Que espécie de marido ele será?" ou "Ele será um bom pai." Ela adora planejar o futuro.

As mulheres fazem preparativos antecipados para os meses de festas. Elas compram presentes, na maior parte dos casos com semanas de antecedência, para evitar correrias de última hora. Este ano, fui deliberadamente a um *shopping center* depois das três da tarde do dia 24 de dezembro. Quando olhei ao redor, vi as lojas cheias de homens. Uma vendedora aproximou-se e perguntou: "O que a senhora está fazendo aqui tão perto do Natal? Hoje é o dia dos namorados correrem atrás de alguma coisa que possam comprar." Nós duas rimos, mas seu comentário era realista.

Uma mulher precisa aguardar com ansiedade por alguma coisa. Pensando na importância que sua mulher dá ao futuro, você precisa lhe proporcionar algo de especial que assegure sua felicidade futura. É por isso que as mulheres gostam de encontros amorosos. Eles criam uma certa expectativa e constituem uma prova de reconhecimento. Abaixo estão algumas razões para esse reconhecimento:

"Sei que você tem passado por muitas coisas ultimamente e quero demonstrar o quanto a admiro."

"Sei que tenho negligenciado você e quero compensá-la."

"Tenho pensado só em mim e está na hora de pensar em nós."

"Você tem trabalhado tanto ultimamente que merece sair um pouco e se divertir."

Gil mal conseguiu esperar para contar à classe como utilizara imediatamente essas informações. Ele é caçador e pouco antes da temporada de caça, que já estava chegando, sua vida sempre se transformava num pesadelo. Rose, sua mulher, fazia o possível para que ele se sentisse culpado por deixá-la sozinha com os filhos para passar alguns dias com os "rapazes". Ela reclamava sem parar de arcar com todas as responsabilidades enquanto, ela dizia, ele se divertia.

Naquele ano, Gil tomou Rose em seus braços e disse: "Querida, você sabe que caçar significa muito para mim e fico muito grato por ter uma mulher que cuida de tudo enquanto estou fora. Sei que é difícil para você, portanto vamos fazer um acordo. Quando eu voltar, cuidarei de tudo e viajaremos no primeiro fim de semana, só nós dois."

Ele disse que Rose colocou a mão na testa dele para ver se estava com febre. Quando ele lhe assegurou que não estava delirando, apenas estava mais consciente das necessidades dela, Rose se derreteu. "Desde aquele dia ela canta pela casa e até saiu para comprar alguns itens extras de que eu necessitava para a viagem. Também disse que teríamos uma noite da qual não me esqueceria na véspera da minha partida e eu poderia esperar outra noite inesquecível quando voltasse. Não posso acreditar que seja a mesma mulher."

Gordon, que viaja freqüentemente a negócios, sempre esperava encontrar uma boa refeição feita em casa quando voltava, porque comia muito na beira das estradas. Ele nunca entendia por que sua mulher ficava tão irritada quando ele partia, mas não se mostrava muito satisfeita por vê-lo de volta. Gordon começou a perceber que embora estivesse satisfeito com seu trabalho e seu futuro, Vicki sempre estava exausta quando ele voltava. Tudo isso mudou. Gordon fez um pacto com Vicki. Agora, sempre que ele volta de uma viagem, eles vão jantar fora na primeira noite. O alívio que ele viu no rosto dela quando lhe propôs o pacto foi instantâneo. Agora seus retornos são muito românticos e Vicki, em vez de se dedicar à cozinha e à limpeza da casa, tem energia para ser criativa no ato do amor.

Alan, como muitos outros homens, gosta de assistir ao futebol aos domingos à noite. Antes de fazer meu curso, que ocorria bem no meio do campeonato (felizmente, as aulas eram às terças-feiras), ele estava vendo cada vez menos TV em sua casa. Estava casado havia apenas cinco anos, mas os dois últimos tinham ido de mal a pior.

Gina começava a importuná-lo na sexta à noite, porque sabia que no domingo e na segunda ele se desligava dela e se ligava ao futebol. Logo que chegavam do trabalho, ela apresentava uma lista das coisas que esperava que ele fizesse no fim de semana, ou reclamava das coisas que ele não havia feito. Quando chegava o domingo as discussões ficavam insuportáveis, fazendo com que ele saísse de casa e fosse ver TV na casa de um vizinho ou numa pizzaria próxima.

Ansioso para tentar qualquer coisa, ele sugeriu uma trégua a Gina. Se ela o deixasse sossegado nas tardes de domingo e nas segundas à noite, eles iriam ao cinema e jantariam fora às quartas-feiras à noite. Na última vez em que ouvi falar neles, Alan não só havia voltado a assistir ao futebol em sua casa, mas Gina lhe fazia pipocas e eles estavam realizando grandes partidas na cama.

MANTENHA O CONTATO E SEJA LIVRE

Não há nada de errado em se ter carreiras separadas, interesses diferentes ou dedicar tempo a empreendimentos individuais, desde que vocês se lembrem de restabelecer o contato depois de terem ficado algum tempo separados. O contato deve ser sempre retomado com um evento especial. Vocês estiveram se dedicando a outras coisas e está na hora de se voltarem um para o outro. Se você não o fizer, sua mulher não lhe corresponderá sexualmente. Restabelecer o contato ou manter a ligação é uma necessidade absoluta para excitar uma mulher.

Marty ficou depois da aula uma noite para reclamar da falta de interesse sexual entre ele e Joan, sua mulher. "Ela costumava ser maravilhosa na cama. Sempre correspondia aos meus desejos. Agora, nada!" Ele explicou que tinha ficado mais confuso ainda desde a noite do sábado anterior, quando eles tinham ido a uma festa na casa de um amigo e ele achou que ambos haviam se divertido.

Quando voltaram para casa, ele sabia que poderiam dormir até tarde no domingo porque não tinham nenhum compromisso. Mas quando começou a tocá-la, ela imediatamente respondeu: "Você deve estar brincando! Estou exausta e com dor de cabeça. Não estou disposta."

Marty refletiu sobre aquela noite de sábado e lembrou-se de que Joan tinha ficado envolvida em conversas com as "mulheres" e ele ficara entretido com os planos de Fred para reformar a casa. Os dois não se encontraram durante a festa. Joan necessitava daquele contato para depois poder corresponder sexualmente a Marty.

Vamos imaginar um cenário diferente. Dez minutos depois de chegarem à festa, Marty foi até Joan e sussurrou em seu ouvido "Você é a mulher mais bonita da noite." Meia hora depois, foi até onde ela estava, passou o braço pela sua cintura e perguntou se ela queria beber alguma coisa. Depois, uma hora e meia mais tarde, ele foi até ela, segurou-a pelo braço e pediu licença às outras, pois precisava falar com Joan em particular. Quando chegaram a uma das outras salas, ele lhe deu um beijo apaixonado e disse que mal podia esperar para ficar a sós com ela, acrescentando: "Só de pensar em fazer amor com você, eu fico sem fôlego!" Quando saíram da festa, ele segurou a mão dela e lhe deu outro beijo antes de entrarem no carro.

Se Marty tivesse feito todas as coisas descritas nessa versão alternativa, o final da história teria sido *Marty e Joan fizeram amor apaixonadamente*.

TIRE-ME DAQUI!

Para a maioria das mulheres, o lar representa trabalho. Elas estão sempre olhando na geladeira para ver o que está faltando, o piso que precisa ser limpo, a pilha de roupa suja, a poeira acumulada, o jantar que precisa ser preparado, o banho das crianças. Não é um ambiente apropriado para uma deusa do sexo.

É preciso que, com alguma freqüência, você a leve para longe de tudo isso. Seu carro pode ser seu cavalo e você será o bravo cavaleiro que salva sua princesa das tensões diárias que acompanham os trabalhos domésticos.

As mulheres têm a tendência de sentir que não podem deixar os filhos sozinhos porque pode acontecer alguma coisa enquanto estão fora e ficam cheias de ansiedade e culpa. É preciso que você convença a sua mulher de que a única tragédia que irá acontecer se vocês não derem uma escapada de vez em quando será a perda da intimidade entre os dois. Vocês precisam recuperar o interesse um no outro. Os resultados de uma mini-escapada valem o dinheiro gasto. A maioria das pessoas não pensaria em se casar sem uma lua-de-mel. Pense nessas escapadas como pequenas luas-de-mel. É nessas ocasiões que você pode ter de volta a sua amante. As inibições que existem em casa devido à falta de privacidade causada pelas crianças, por amigos que aparecem ou pelo telefone, desaparecem quando você está fora. Ajude-a a conseguir alguém para ficar com as crianças para que ela se sinta mais à vontade. Planeje essas pequenas luas-de-mel com bastante antecipação, para não haver atropelos de última hora.

Meu marido e eu fizemos há muito tempo um acordo. Sempre que um de nós tem que viajar a negócios, o fim de semana seguinte é reservado para passarmos uma noite em um hotel próximo. O Irvine Hilton and Towers Hotel fica a quinze minutos de casa, mas promove um programa de fim de semana que é um alívio para o estresse. Em qualquer casa onde duas pessoas não têm tempo para ficar juntas cria-se muita tensão. O hotel também tem um lema: "Por que dirigir, se você pode relaxar no quintal da sua casa?" A maioria das pessoas acha que precisa ir a um lugar distante para se descontrair. Às vezes, um refúgio perfeito fica pertinho. Verifique os hotéis próximos à sua casa.

Lembre-se, você terá que sacrificar tempo, dinheiro e esforço, mas é preferível gastá-los com futuras lembranças maravilhosas do que com um conselheiro matrimonial.

Se vocês não derem uma fugida de vez em quando, só para ficarem juntos, acabarão se tornando estranhos um para o outro. Perderão o contato e o preço que irão pagar por isso será enorme. E não se preocupe com as crianças. O melhor presente que você pode dar a elas é um relacionamento amoroso com sua mulher.

Se vocês não têm filhos e suas carreiras são tão agitadas que roubam o tempo que poderiam passar juntos, quando derem essa fugida terão muito mais energia para voltar ao trabalho. O tempo que um casal reserva para si tem um efeito energizante. Vocês estarão mais ativos e pensarão com mais clareza ao se afastarem das tensões diárias que todos nós enfrentamos. O melhor de tudo é que você renovará o contato com a pessoa mais importante da sua vida.

HÁBITOS LIGADOS À APARÊNCIA PESSOAL

Tantas mulheres expressaram esta queixa em nove anos de aulas que achei que devia discuti-la. Se você vai ficar algum tempo com sua companheira, seja tendo um encontro ou passando um fim de semana em casa com ela, precisa prestar atenção aos seus hábitos pessoais.

Como a maioria das mulheres, sua companheira quer sentir que merece que você tome alguns cuidados pessoais. Quando você faz aquele esforço extra preparando-se para passar algum tempo com ela, isso será interpretado como mais uma prova de amor. Em seu primeiro encontro com ela, você se preparou para a ocasião, para ficar com a melhor aparência possível. Estar apresentável é uma parte importante do namoro, e faz com que a mulher se sinta a pessoa mais importante da sua vida. Até hoje ela não aceitará nada menos que isso e merece a mesma consideração durante toda a vida conjunta de vocês.

Se você vive sozinho, não precisa se arrumar para ninguém, mas se vive com uma mulher, precisará levá-la em consideração. Em seu primeiro encontro com esta mulher maravilhosa, você teria ousado deixar de tomar banho, barbear-se, escovar os dentes, passar uma colônia e vestir roupas apresentáveis? Nunca! Sei que você faz isso todos os dias, ao se preparar para o trabalho.

Que mensagem recebe a pessoa mais importante da sua vida quando o vê fazer isso todos os dias para trabalhar e tudo o que ela ganha, no final do dia, é um corpo cansado, suado e malcheiroso? A mensagem é: "Ele se dá a todo esse trabalho para estranhos e pessoas que nunca mais verá, mas não para mim." Em outras palavras, "Os outros valem o tempo e o esforço, mas eu não."

Floyd admitiu sua culpa nessa área. "Sabem, o que Ellen está dizendo é verdade. Durante a semana inteira eu me arrumo para ir ao escritório, então nos fins de semana eu visto uma calça velha e uma camiseta rasgada. Não sinto vontade de me barbear, porque fiz isso todas as manhãs por cinco dias. Janet sempre me empurra quando tento beijá-la, dizendo que meu rosto parece uma lixa. Ela só fica animada quando passo pela porta a caminho do trabalho todas as manhãs."

Por que tratamos os estranhos com tanta consideração e as pessoas que mais amamos com uma atitude de "vá para o inferno"? Se você tem sido assim, comece com um pequeno passo. Escolha um dia qualquer e faça aquilo que fazia quando vocês namoravam. Suponho que o reforço da sua companheira será suficiente para fazê-lo se arrumar com mais freqüência.

A propósito, as mulheres são sempre encorajadas para se vestirem de forma provocante. Sugiro que você invista em alguns pijamas de seda, um robe e roupas de baixo *sexy*. Ela ficará surpresa e contente pelo fato de você também ter um guarda-roupa para ela.

NAMORAR SIGNIFICA TOCAR

Para a mulher, a falta de um contato físico não sexual leva não só a uma perda da atração, mas também impede que ela satisfaça uma necessidade humana básica, estar fisicamente próxima.

Quase todas as mulheres reclamam que a única ocasião em que seus companheiros as abraçam ou acariciam é quando querem ou estão fazendo sexo. Você se lembra da minha crença básica de que os opostos se atraem? Se você não é dado ao contato corporal, provavelmente se apaixonou por uma mulher que gosta deles. Mas se todas as vezes em que ela tocá-lo você responder imediatamente com um "Vamos para a cama", ela acabará por não fazê-lo. As mulheres precisam ser tocadas, abraçadas e acariciadas todos os dias, sem exceção. Para elas, este é um fim em si mesmo, que não precisa levar a nada.

Sidney explicou que essa foi a causa do afastamento de sua mulher. "Quando nos casamos, Darlene adorava tocar em mim. Ela massageava minhas costas, acariciava meus cabelos, esfregava meus braços ou pernas e me beijava o tempo todo. Todas as vezes em que ela fazia isso, meus olhos brilhavam e eu lhe dizia para se preparar para fazer amor. Lembro-me de que ela ficava magoada e se irritava, dizendo: 'Eu pensava que apenas ficar juntinho já fosse amor.' Finalmente, cinco anos depois, compreendo por que ela parou de me tocar. Ela tinha medo que eu a empurrasse para a cama todas as vezes que me acariciava."

Creio que em geral o toque, para os homens, tem uma conotação sexual. Isso tem muito a ver com nossa cultura. Os garotos americanos aprendem muito cedo que tocar outra pessoa do sexo masculino de forma afetuosa é sujeitar-se ao ridículo. Por outro lado, os homens europeus parecem não ter tantos problemas com isso como os americanos. Na Europa, é comum os homens se abraçarem e se beijarem. Os homens russos até se beijam na boca em sinal de afeição.

Por alguma razão, as únicas ocasiões em que os toques masculinos são aceitáveis neste país são em competições atléticas. Os jogadores de futebol americano estão sempre trocando tapinhas no traseiro e não achamos nada de errado nisso. Ao final de todos os jogos competitivos os vencedores se abraçam e costumam demonstrar publicamente muita afeição pelos companheiros de equipe. Contudo, fora dos esportes, os homens recorrem a um aperto de mão, um tapa nas costas, uma cutucada nas costelas e, em geral, a uma maneira mais reservada de relacionamento.

Lembro-me de estar num aeroporto aguardando a chegada do meu marido e, num vôo anterior, um garoto de cerca de doze anos desceu do avião e correu na direção de um homem que parecia ser seu pai. Este, em vez de abraçar seu filho, estendeu a mão, detendo-o. Entreouvi o pai dizendo: "Rapaz, é bom vê-lo novamente depois de tanto tempo", enquanto apertava a mão do garoto. Tive vontade de sacudi-lo pelos ombros e perguntar: "Por que você não o abraçou?"

Muitas crianças, e também mulheres, sentem falta de serem tocadas. E, acredite ou não, você precisa ser tocado tanto quanto sua companheira. Portanto, eu gostaria que iniciasse um 'Programa de Toques' fora do quarto e começasse a ver os resultados miraculosos que isso produz dentro dele.

Não saia de manhã sem abraçá-la. Mesmo que cada um esteja ocupado com uma coisa diferente, todas as vezes em que passar por ela, dê-lhe um abraço, um beijo ou um tapinha, para que ela se sinta ligada a você. Quando estiverem vendo TV juntos, segure sua mão para que ela possa sentir seu calor. Quando caminharem juntos, segure sua mão ou passe seu braço à volta dela para que todos saibam que vocês estão juntos. Ficar abraçada a você na cama dá a ela a garantia de que você a ama e quer ficar próximo. Comece e termine o dia assim.

Outros atos amorosos são:

* Acariciar seu rosto.
* Enxugar suas lágrimas.
* Esfregar suas costas.
* Massagear seus pés.
* Beijá-la nos olhos e no nariz.
* Massagear seu pescoço.

Você poderá pensar que essas coisas acabarão fazendo parte de uma rotina e perderão o significado se forem feitas com muita freqüência. Mas está errado. Tocá-la sem segundas intenções sempre irá significar afeição e amor para uma mulher.

Você já viu um cachorro que não goste de ser acariciado todos os dias? De algum modo, nós nos transformamos numa sociedade que afaga bichos de estimação. Muitos homens que não demonstram nenhuma afeição por suas companheiras passam horas agradando seus animais. Quero que você substitua seu animal pela mulher da sua vida. Isso poderá despertar a fera que existe dentro dela.

UMA FORMA ÍNTIMA DE RELACIONAMENTO

Alguns homens sussurram palavras carinhosas no ouvido das suas parceiras enquanto fazem amor. Eu gostaria de sugerir que essas palavras carinhosas também são importantes para uma mulher fora do quarto. É mais uma forma pela qual ela se sente muito íntima com seu companheiro. Esses apelidos carinhosos e essas frases somente podem ser reservados para alguém que você ame. Eles não se aplicam a vizinhos, amigos, parentes ou colegas de trabalho, e é isso que os torna tão importantes para uma mulher.

Você ficaria chocado com número de homens que nunca chamaram suas mulheres a não ser pelo primeiro nome. Gordon disse: "Vocês sabem, nos trinta e seis anos em que estamos juntos, nunca chamei minha mulher de outra coisa a não ser Evelyn. Eu nunca havia pensado nisso antes, mas as amigas dela tratam-na por nomes que são versões abreviadas do original, como Eve, Evie, Lynn ou Lynnie. Mesmo quando fazemos amor, eu a chamo de Evelyn. Sou muito reservado. Talvez eu precise aprender a me soltar um pouco."

Os apelidos abaixo são apenas sugestões que colhi com os homens ao longo dos anos. Alguns são tão comuns que muitos de vocês podem querer saber por que os incluí, mas começarei com os mais comuns e passarei àqueles mais raros. Lembre-se de que os homens que usam apelidos admitiram para mim em particular que não só os usam quando estão com suas companheiras, mas também ao telefone e quando lhes escrevem bilhetes.

QUERIDA	BONECA	MINHA JÓIA PRECIOSA
MEU BEM	GATA	BOTÃO DE ROSA
BENZINHO	CORAÇÃO	DOÇURA
AMORZINHO	MIMOSA	FOFURA
ADORADA	BELEZINHA	FOFINHA
DOCINHO	MEUS OLHOS NEGROS	MEU TESOURO
DEUSA	MEUS OLHOS AZUIS	COELHINHA
MEU ENCANTO	PRINCESA	LUZ DA MINHA VIDA

Sei que alguns homens podem estar pensando: "Se eu chamar minha mulher ou namorada de algum desses nomes, ela chamará os 'homens de branco' para que me internem em algum lugar!" Se você se arriscar e falar com sinceridade e confiança, não de forma jocosa, ela poderá estranhar inicialmente, mas esse é um comportamento que a divertirá e com o qual se acostumará.

Caso nunca tenha feito nada disso antes, experimente usar um apelido fácil e vá acrescentando gradualmente nomes novos.

CINQÜENTA MANEIRAS DE MANTER
O DESEJO DELA ARDENTE

Não existe nenhuma razão para que um casal tenha uma vida conjunta desinteressante. Lembre-se, tédio é repetição e previsibilidade. Portanto, para evitar que isso lhe aconteça, estou incluindo cinqüenta idéias românticas que você poderá usar para impressionar e excitar a mulher da sua vida. Algumas podem não parecer românticas a você, mas posso garantir que o serão para uma mulher.

Para uma mulher, romance é fazer com que ela se sinta especial. Você não faz isso para seus colegas, amigos ou parentes. Você faz isso apenas para ela.

1. MOSTRE SUA ADMIRAÇÃO POR ELA — Diga-lhe que gostaria de ter uma foto recente dela para levar na carteira ou colocar sobre sua mesa de trabalho. Marque uma hora com um fotógrafo para que ela pose para uma foto. Se o dinheiro for problema, faça-a você mesmo. Tire muitas fotos dela, com roupas diferentes e depois escolha com atenção a sua preferida. A mensagem que isto envia a uma mulher é a seguinte: "Ele quer que todos vejam que sou sua companheira. Ele deve me achar bonita, senão não faria isso."

2. CANTE PARA ELA — Faça um telefonema de amor do escritório. Ligue para ela e diga que estava pensando nela e no quanto ela significa para você e que sentiu vontade de dizer que a ama. Se você tiver boa voz, cante um trecho da canção "I Just Called to Say I Love You", de Stevie Wonder. Aliás, vá em frente e cante, mesmo que não tenha boa voz!

3. CUBRA-A DE PRESENTES — Compre as revistas favoritas dela, bombons e flores. Leve tudo para casa e diga que ela merece ser coberta de presentes porque é especial e você quer que hoje à noite ela descanse na cama lendo suas revistas e comendo bombons. Arranje as flores ao lado da cama.

4. MARQUE AS DATAS — Compre um calendário e marque com um círculo uns quatro dias de sua preferência, durante o ano. Diga a ela que planejará noites especiais para vocês dois nessas datas. Compre entradas para um concerto, uma peça ou qualquer outro evento ao qual vocês não vão com freqüência. Se possível, inclua uma noite num hotel local. Faça uma lista de itens de que ela precisará levar para o hotel — ou, melhor ainda, prepare você mesmo uma maleta sem que ela saiba. Marque as datas com antecedência suficiente para os preparativos. Lembre-se, sua mulher adora o fato de você se encarregar de tudo, preparando a noite somente para os dois. A expectativa faz parte da diversão.

5. DÊ-LHE UM DESCANSO — Se vocês têm filhos pequenos, surpreenda-a na sexta feira à noite com uma rosa e um bilhete sobre o travesseiro, dizendo: "Você está convidada a dormir o quanto quiser amanhã, você bem que merece! Seu maridinho cuidará das crianças. Quando se levantar, gaste algumas horas com você mesma. Vá às compras e divirta-se!" Mas tome cuidado com essa mulher descansada quando ela o agarrar depois!

6. CARREGUE "SUA NOIVA" — Na próxima vez em que vocês chegarem juntos à porta da frente da casa, erga-a em seus braços e leve-a para dentro. Quando ela começar a rir e perguntar o que você está fazendo, diga-lhe que está carregando sua encantadora noiva, a quem adora mais hoje do que quando se casaram. Seja muito claro ao carregá-la. Olhe-a nos olhos e diga: "Eu te adoro mais hoje do que quando nos casamos!" Dentro desse homem prático e lógico, existe um Casanova! Você é capaz disso!

7. CARTÕES DURANTE SUA AUSÊNCIA — Se você for fazer uma viagem de negócios, prepare tudo antes. Compre cartões (ou escreva bilhetes) para cada dia em que estará ausente; assim, todos os dias você poderá telefonar e dizer a ela para procurar um cartão que você deixou escondido em casa antes de partir. Termine cada conversa com "Querida, eu a amo. Agora vá à terceira gaveta da cômoda e apanhe um bilhete para você." No dia seguinte o bilhete estará na caixa de costura, pendurado num cabide ou atrás da porta de um armário. Use sua imaginação.

8. ESCONDA UM PRESENTE NA CAIXA DE CEREAIS — Compre uma camisola muito *sexy*, faça um embrulho bem pequeno e esconda-o dentro da caixa de cereais matinais, ou em algum outro lugar totalmente inesperado.

9. COLOQUE BILHETINHOS ADESIVOS POR TODA PARTE — Compre bilhetinhos adesivos e cole-os por toda a casa. Escreva mensagens como : *Eu te amo; Você é linda; Você é tudo para mim;*

Nossos filhos têm sorte por terem uma mãe como você; Sou um afortunado por ter uma mulher maravilhosa; Seu olhos são lindos. Você pode colocar um bilhetinho até no rolo de papel higiênico!

10. DIGA COM CETIM — Espere até uma loja de departamentos fazer uma liquidação de roupas de cama e compre um conjunto de cetim. Arrume a cama sem que sua mulher veja. Se puder, coloque uma camisola de seda sobre o travesseiro dela e espere para ver como ela reagirá quando for para o quarto à noite.

11. TIRE UM DIA DE FOLGA — Falte um dia ao trabalho; isto prova realmente que você a ama. Diga-lhe que você é dela o dia inteiro, para fazer o que ela quiser. Isso pode incluir algumas tarefas domésticas, uma caminhada ou, simplesmente, ir às compras. Tenha em mente que se trata de um ato de doação, não de recebimento. O importante é ficar bem com ela o dia inteiro. A mensagem que ela recebe é: *Você significa mais que meu trabalho. Quero lhe provar meu amor.*

12. FAÇA UMA DEMONSTRAÇÃO PÚBLICA — Quando estiver com ela em público, segure sua mão, dê-lhe um beijo, ponha o braço em seu ombro. Mostre ao mundo que gosta de estar com ela.

13. DÊ-LHE UM BANHO DE ESPUMA — Compre espuma de banho e prepare, no fim da tarde, um banho quente para ela. Coloque algumas velas no banheiro e apague as luzes. Leve um rádio portátil e sintonize em música suave. Diga que deseja que ela relaxe, tome sua mão e conduza-a até o banheiro. Depois do banho, faça-lhe uma massagem calmante.

14. MARQUE UM ALMOÇO — Marque um almoço com ela. A idéia de que você está tirando tempo do seu dia atarefado para almoçar na companhia dela fará com que ela se sinta especial. Se você lhe disser que o compromisso está marcado em sua agenda, ela se sentirá ainda mais importante.

15. PROVIDENCIE TRANSPORTE DE PRIMEIRA CLASSE — Alugue uma limousine para a noite e diga-lhe que vocês irão de primeira classe porque ela também é de primeira!

16. PREPARE UMA "CAÇADA AO PRESENTE" — Comece com o bilhete nº 1 sobre o travesseiro dela pela manhã. Mencione alguma coisa a respeito dela de que você gosta e diga que ela irá receber o bilhete nº 2 a uma determinada hora, e assim por diante. Faça a caçada terminar na sua caixa de correspondência, onde haverá um presente para ela. Isto exige alguma imaginação, mas sei que você é capaz de desenvolver seu lado criativo.

17. PREPARE UMA "CAÇADA DE AMOR" — Esta é uma variação mais dispendiosa da caçada ao presente. Deixe um bilhete com instruções para ela ir a uma loja de *lingerie*. Lá chegando, ela deverá perguntar por uma determinada pessoa e se identificar. Essa pessoa lhe entregará um presente (escolhido por você na véspera) e um bilhete dizendo para ela dirigir-se a uma determinada loja de bebidas. Lá ela receberá uma garrafa de vinho ou champanhe e um bilhete dizendo-lhe que vá a uma loja de discos, onde ela receberá uma fita de música romântica e um bilhete para ir a uma certa floricultura. Lá estarão à sua espera uma rosa de cabo longo e um bilhete final, para que ela vá a um restaurante. Esteja à sua espera no restaurante e faça do resto da noite um evento memorável.

18. MANDE-LHE UM PRESENTE INESPERADO — Se você lhe enviar para o escritório um presente inesperado ou flores, todos os colegas de trabalho saberão o quanto ela é amada. Para uma mulher, isso significa romance. Em sua maioria, as mulheres preferem receber flores no trabalho e não em casa.

19. COMPRE-LHE UM VESTIDO — No começo da semana, diga-lhe que o próximo sábado será inteiramente dela, que vocês irão fazer compras juntos e ela ganhará um vestido novo. Não se esqueça de acrescentar "Porque você merece!" Toda a sua semana será agradável, devido à expectativa dela.

20. FAÇA AMOR COM ROSAS — Vá à floricultura e compre algumas rosas de cabos longos. Certifique-se de que os espinhos foram removidos. Enquanto ela estiver se preparando para ir para a cama, arranje as rosas sobre os lençóis e diga-lhe que sempre quis fazer amor com ela em um leito de rosas. Uma variação é cobrir a cama com pétalas de rosas e dar a mesma explicação.

Você também poderá surpreendê-la colocando pétalas de rosas ou outras flores perfumadas no banho dela. Sei que isto soa sentimentalóide para alguns homens, mas ela irá comentar o que você disse e fez pelo resto da vida.

21. CAMINHE SOB O LUAR — Uma noite qualquer, quando ela menos esperar, desligue a TV (desde que não esteja na metade do programa favorito dela) e diga-lhe que quer apenas estar com ela. Dê uma longa caminhada de mãos dadas. Faça um desejo para uma estrela cadente e beije-a longamente.

Para um efeito ainda mais teatral, verifique e anote as noites de lua cheia de todos os meses e vá caminhar com ela sempre nessas noites.

22. FAÇA UM ELOGIO — Na próxima vez em que vocês estiverem com outro casal, faça um elogio a sua companheira na frente deles. Ela poderá fingir embaraço, mas secretamente irá adorar. Lembre-se, um elogio tem um impacto três vezes maior quando é feito na frente de outras pessoas.

23. ESCREVA UMA CARTA DE AMOR — Escreva-lhe uma carta de amor. Compre um papel especial. Diga o que ela significa para você e relembre alguns momentos maravilhosos que passaram juntos. Cartas como essa serão guardadas para sempre e poderão um dia ser mostradas aos seus bisnetos.

24. LEIA POESIA PARA ELA — Compre um belo livro de poesia, ou retire um na biblioteca. Leia para ela alguns de seus poemas prediletos que julgue adequados aos dois e àquilo que sentem.

25. CANTE NA CHUVA — Na próxima vez em que chover, tire os sapatos, agarre sua namorada saia para a rua e comece a cantar "I'm Singing in the Rain". Caso vocês dois não consigam se imaginar fazendo isso, uma variação divertida é cantar a dois no chuveiro. Além de tudo, vocês economizarão água.

26. FAÇA PROPAGANDA DO SEU AMOR — Publique um anúncio na seção pessoal de um jornal da sua cidade. Diga que a ama e como ela é importante em sua vida. Acrescente alguns dos traços que você mais admira. Marque o anúncio com um círculo e deixe num lugar em que ela possa encontrá-lo.

27. FAÇA UM CURSO JUNTO COM ELA — Inscrevam-se em um curso com aulas semanais e aprendam juntos alguma coisa nova. Podem ser aulas de dança, de boliche, tênis, golfe, culinária, vela, qualquer coisa que envolva vocês dois. A maior parte das universidades oferece cursos interessantes e divertidos para adultos. Pode ser que no início você não se entusiasme, mas o simples fato de vocês saírem juntos será agradável e sua companheira adorará a idéia de você querer fazer algo exclusivamente com ela.

28. PLANEJE UM CRUZEIRO — Se vocês nunca fizeram um cruzeiro juntos, experimente esta maneira maravilhosa de passar férias. Surpreenda-a com catálogos de uma agência de viagens e leve algumas semanas para decidir para onde ir. Eu sempre recomendo este tipo de férias porque nelas você não precisa tomar decisões. No máximo, escolher entre cinco entradas e seis sobremesas. Você é muito bem-tratado, há todos os tipos de atividades e o navio pára em portos exóticos para os passageiros fazerem compras e apreciarem a paisagem. São as férias ideais. Vocês voltarão mais apaixonados do que quando partiram.

Lembre-se, planeje a viagem com antecedência suficiente para que vocês possam aguardá-la por algum tempo. Enquanto isso, você estará vivendo com uma mulher muito contente.

29. FAÇA UMA VIAGEM DE TREM — Leve-a para uma viagem noturna de trem. O destino é menos importante do que a certeza de você ter reservas para uma cabine privativa.

30. PLANEJE UM PIQUENIQUE — Planeje um piquenique ao velho estilo, com vinho, flores e sanduíches. Ache um local retirado e aproveite o sol. Leve um rádio, um livro de poesia e não se esqueça de uma manta! Vocês também poderão comprar duas pipas para empinar e se divertir, voltando à infância.

31. DURMA AO AR LIVRE — Dormir ao ar livre é *muito* romântico. Vocês podem fazer isso em seu próprio quintal. Só precisam de um saco de dormir, ou um cobertor e alguns travesseiros.

32. DEDIQUE-LHE UM TROFÉU — Compre um troféu para ela. Algumas mulheres merecem um troféu, embora não sejam atletas. Mande gravar no troféu as realizações ou qualidades especiais dela, por exemplo a melhor cozinheira, a mulher mais atraente, a namorada mais maravilhosa. Seja criativo.

33. RAINHA POR UM DIA — Torne sua amada "Rainha por um Dia". Compre uma tiara de "brilhantes"; as lojas de aluguel de fantasias costumam tê-las. Diga-lhe em que dia ela será rainha e explique que nesse dia todos os seus desejos serão realizados, pois para você eles serão uma ordem; você fará todo o possível para cumpri-los. Peça que ela feche os olhos e coloque a tiara em sua cabeça, coroando sua Rainha por um Dia.

34. CAFÉ DA MANHÃ NA CAMA — Leve o café na cama para ela. Muitas lojas vendem bandejas para isso. É um bom investimento, pois poderá ser usado para ambos, ao longo dos anos. Compre uma rosa e um vaso para colocá-la. Prepare o café da manhã e faça-lhe uma surpresa. Para ela será um grande começo de dia!

35. COMPRE UMA CAIXA DE MÚSICA — Dê-lhe uma caixa de música que toque uma peça romântica. Enquanto ela estiver dando corda, beije-a e diga que todas as vezes em que ouvir aquela música, você quer que pense no quanto você a ama.

36. AQUI ESTÁ, OLHANDO PARA VOCÊ — Coloque no espelho dela um bilhete dizendo: "Oi, minha linda, você está olhando para a mulher que amo com todo o meu coração. Você me tira o fôlego!"

37. PREPARE UMA REFEIÇÃO JUNTO COM ELA — Planeje preparar em conjunto uma refeição. Escolha uma receita que vocês nunca tenham experimentado. Leve o livro de culinária para a cama e fique juntinho dela enquanto escolhem a receita. Vocês devem sair juntos para comprar os ingredientes e arrumar a mesa a dois. Não se esqueça de beijá-la com freqüência enquanto cozinham juntos.

38. DEIXE-A DESCANSAR — Compre o mais recente livro de um dos autores favoritos dela. Depois do jantar, dê-lhe o livro e diga para ela ficar lendo e descansando no sofá enquanto você lava a louça e arruma a cozinha. Quase posso garantir que mais tarde você será recompensado por ser tão maravilhoso.

39. TOQUE A CAMPAINHA — Compre uma rosa de cabo longo e, em vez de entrar em casa exausto como faz todos os dias, toque a campainha. Quando ela atender, diga: "Boa noite, minha namorada *sexy*. Isto é para você", e entregue-lhe a rosa.

40. LEVE O JANTAR PARA CASA — De manhã, quando chegar ao trabalho, ligue para ela e diga-lhe para aproveitar o dia e não se preocupar com o jantar, porque você vai providenciar. Isso soará como música para os ouvidos dela.

41. DÊ UMA GRANDE DEMONSTRAÇÃO — Faça uma grande faixa com os dizeres EU TE AMO, FELIZ ANIVERSÁRIO ou qualquer outra comemoração, como PARABÉNS PELOS QUATRO MESES DE VIDA CONJUNTA. Pendure a faixa na rua, para que todos vejam como você gosta dela.

42. FAÇA UM BRINDE ROMÂNTICO — Escolha um local apropriado. Leve antes para lá uma mesinha portátil e cubra-a com uma toalha xadrez vermelho e branco. Arrume a mesa com dois copos e uma garrafa do seu vinho favorito. Acrescente uns salgadinhos. Peça para um amigo ficar tomando conta enquanto você apanha sua companheira e a leva até lá para um brinde romântico.

43. ESCOLHA UMA COR DE CARRO — Isto pode dar novo significado a uma viagem. Quando vocês dois estiverem no carro, cada um escolhe uma cor. Cada vez que você vê um carro da sua cor, ela lhe dá um beijo. Cada vez que ela vê um carro com a cor dela, é você que a beija. (Escolha uma cor bem comum!) No final do jogo, aquele que marcar mais pontos (beijos) terá direito a um desejo. Vocês podem decidir o que apostar no início da viagem. Você verá como o tempo voa quando os dois estão se divertindo.

44. SERVIÇO COM UM BEIJO — Este jogo é uma variação do anterior. É preciso que vocês estejam em um restaurante. Toda vez em que um garçom passar pela mesa, vocês devem se beijar.

45. PAPARIQUE-A — Dê a ela um dia de paparicação total. Marque horas para manicure, pedicure, tratamento facial e penteado. Faça o dia culminar com um jantar para dois. Elogie a aparência dela.

46. SEJA UM ARTISTA — Dê-lhe de presente uma colagem. Isto poderá despertar sua capacidade criativa. Pegue várias revistas e recorte ilustrações e frases que tenham significado pessoal para vocês dois. Cole sobre um papelão e mande emoldurar. A parte divertida será contar a ela por que você escolheu cada frase ou ilustração.

47. DÊ-LHE UMA FITA — Esta é outra forma fácil de ser romântico: grave sua voz numa fita cassete. Pode ser uma declaração de amor seguida por um poema, terminando com músicas que você selecionou por terem mensagens especiais. Coloque um grande laço e deixe a fita no banco do carro dela, com um bilhete dizendo que você quer que ela ouça a fita a caminho do trabalho.

48. MENSAGENS EM BOLAS DE ANIVERSÁRIO — Coloque, dentro de bolas de aniversário, mensagens como *Você tem um ótimo senso de humor, Você beija muito bem, Adoro seu corpo*. Encha as bolas e coloque muitas no carro dela, até não haver mais espaço dentro dele. Prenda uma agulha grande no pára-brisas, com um bilhete dizendo que a única maneira dela entrar no carro será estourando cada bola e lendo as mensagens dentro delas.

49. DÊ-LHE UM BICHO DE PELÚCIA — Não há mulher que não deseje secretamente um belo, grande e macio bicho de pelúcia. E se você acrescentar um bilhete pessoal, ele ficará irresistível.

Sei que é batido e sentimentalóide, mas não para uma mulher. Sua reação será "Que fofinho!" e ela irá levá-lo para a cama, juntamente com você.

50. DÊ UMA FESTA — Prepare para ela uma festa surpresa. Convide os amigos, amigas e colegas dela. Peça que eles escrevam por que ela é tão maravilhosa. Planeje um brinde especial para ela. Ela ficará encabulada, sim, mas irá adorar cada minuto e será invejada por todas as outras mulheres.

Bem, aí estão cinqüenta maneiras de manter um caso eterno com sua mulher. Lembre-se, *se uma mulher não estiver emocionalmente satisfeita, ela não poderá corresponder sexualmente.* Satisfação emocional significa que você se esforçou, se sacrificou, tratou-a com gentileza, elogiou-a, preparou-lhe uma ocasião especial e, acima de tudo, fez com que ela sentisse que é, para você, a pessoa mais importante do mundo. Boa sorte em sua nova aventura romântica!

ATIVIDADE Nº 6

1. Planeje férias a dois. Pode ser uma noite num hotel, um fim-de-se-mana em uma estância próxima ou uma esticada de uma semana. Leve folhetos turísticos e planeje tudo com bastante antecedência. Lembre-se, alimentar a expectativa dela é essencial.

2. No próximo fim-de-semana, vista-se como se fosse sair. Quando ela perguntar onde você vai, tome-a em seus braços e diga: "A lugar nenhum. Queria parecer especial para você."

3. Inicie um 'Programa de Toques' e toque-a ao menos uma vez por dia. Segure sua mão ao caminhar, enlace-a em seus braços, beije-a gentilmente ou faça qualquer outro gesto que demonstre o quanto você gosta de estar com ela.

4. Escolha um apelido para ela e comece a chamá-la por ele. Prepare-se para vê-la rir.

5. Marque com ela um dia de abraços e carinhos. Envie-lhe um convite dizendo:

VOCÊ ESTÁ CONVIDADA A ABRAÇAR E A ACARICIAR
QUEM:　　 EU
QUANDO: SEXTA, ÀS 9 DA NOITE
ONDE:　　 DEBAIXO DOS PANOS

Faça pipocas, leve comida pronta para casa e fique abraçando-a, acariciando-a e conversando com ela a noite inteira.

6. Leia a lista de "Cinqüenta Maneiras" e decida qual deseja experimentar primeiro. E mãos à obra.

Querida Ellen,

Quero lhe agradecer pelo meu novo marido. Quando Gus se matriculou em seu curso, nós dois estávamos buscando os sentimentos que de algum modo havíamos perdido enquanto estávamos ocupados criando cinco filhos. Creio que ambos nos habituamos a uma existência rotineira e tediosa e nenhum de nós jamais sonhou que poderia haver toda uma nova aventura à nossa espera.
Gus transformou-se de repente no mais imaginativo e criativo amante, mesmo depois de trinta e dois anos de casamento. O que, na melhor das hipóteses, poderíamos considerar como amizade, transformou-se em um tórrido caso de amor. Gus liberou uma parte sua que até então ignorávamos.
Surpreendo-me cantando no chuveiro, no trabalho e até mesmo quando estou presa no trânsito. Sentimo-nos novamente como dois adolescentes.
Obrigada do fundo do meu coração.

Eternamente grata,

Lynnette

SETE

O Amante Imaginativo

Creio que por trás daquela forte aparência há todo um reservatório de sentimentos românticos e sensuais, esperando para serem revelados. Liberte-os e permita-se experimentar o prazer de ser o homem que desperta o desejo em sua mulher. Isso não tem que acontecer com um astro de *rock'n'roll* ou um galã de cinema. Você é o homem que ela ama.

Para aqueles que gostariam de realizar mais, ou de ir além, tenho uma técnica simples que irá funcionar instantaneamente. Ela tem funcionado para milhares de homens exatamente como você.

SIMULAR TEM SUAS RECOMPENSAS

A mente não pode distinguir entre o que é real e o que é 'faz-de-conta'. A percepção nada tem a ver com a realidade. Aquilo que imaginamos pode ser tão real quanto a própria realidade. Conseqüentemente, podemos determinar nosso modo de agir na vida real imaginando uma situação e, a seguir, a melhor solução para ela. Este princípio é usado amplamente para treinar atletas, soldados e profissionais.

Em um estudo comportamental, jogadores de basquete foram divididos em três grupos. Um grupo foi instruído para praticar arremessos trinta minutos por dia. O segundo foi instruído para não fazer nada e cada membro do terceiro grupo recebeu instruções para ficar deitado trinta minutos por dia, imaginando-se fazendo arremessos perfeitos. No final de um mês, os três grupos foram solicitados a fazer arremessos e os pesquisadores constataram que o grupo que nada fez havia piorado em sua habilidade, mas os resultados dos outros dois grupos eram idênticos. O grupo que havia se exercitado apenas imaginando arremessos perfeitos e o grupo que havia praticado arremessos todos os dias melhoraram igualmente.

Os militares usam uma variação dessa técnica para treinar seus homens. Eles simulam condições de combate e fazem suas tropas reagirem de acordo com as mesmas, praticando até que suas reações sejam quase automáticas. Muitos profissionais são treinados para lidar com clientes, bem como com as pessoas que irão supervisionar, muito antes das situações reais. No momento em que essas situações fictícias ocorrem, a mente funciona como se elas fossem reais. Depois, quando se defronta com situações reais, a pessoa fica à vontade pensando: "Oh, eu me lembro disto. Não é novidade. Já fiz isto antes."

Use esse mesmo princípio para se tornar um amante melhor, uma pessoa mais feliz e um ser humano mais seguro.

Quando Kevin se inscreveu em meu curso, tinha medo de mulheres e especialmente de ser rejeitado. Ele estava no último ano da faculdade e nunca tinha conseguido marcar um encontro com uma garota. Ele queria desesperadamente convidar uma colega para sair, mas sempre que tentava abordá-la as palmas das suas mãos começavam a suar, seu coração batia mais depressa e as palavras se abafavam na sua garganta. Desapontado e irritado consigo mesmo, ele se afastava sentindo-se um fracasso.

Pedi a Kevin que durante duas semanas, ele imaginasse todas as noites por trinta minutos, antes de dormir, que era um "conquistador". Ele deveria pensar em si mesmo como sendo *sexy*, bonito e bem-sucedido, um homem com quem todas as mulheres da escola desejavam sair. Em sua fantasia o telefone tocava sem parar, com mulheres pedindo para sair e ele tendo que dizer não. Ele deveria dizer a si mesmo coisas como "Tantas mulheres para escolher e tão pouco tempo", ou "Minha capacidade tem limites. Preciso fazer uma opção". A seguir, ele deveria se imaginar conversando com a mulher dos seus sonhos.

Ele era encantador, interessante, divertido e intrigante, e a reação dela era extremamente positiva. Pedi que se comprometesse a executar o exercício todas as noites, durante trinta minutos. Ele o fez, completando um total de sete horas (quatorze dias vezes meia hora), até que ele acreditou em sua fantasia, e os resultados foram miraculosos.

Recebi seu telefonema tão logo ele transformou em realidade aquilo que existia apenas em sua imaginação. Kevin estava excitado a ponto de não conseguir se conter. Não só ele havia sido capaz de falar com sua colega, mas também havia marcado um encontro com ela.

Qualquer homem pode se transformar em um amante romântico, a despeito da sua educação, dos seus temores ou da sua falta de motivação. Como? Imaginando que já é o homem da mulher dos seus sonhos. Você é o homem perfeito, que sabe como cuidar das necessidades de uma mulher.

* Se você está chegando do trabalho e não está ligado nela, mesmo assim beije-a apaixonadamente.

* Se você é uma pessoa nervosa e insegura, simule dispor de toda a confiança e auto-estima que uma pessoa pode possuir e deixe-a impressionada.

* Se você não tem imaginação, faça de conta que é o homem mais criativo do mundo. A propósito, qualquer garotinho tem uma grande imaginação. Que criança não fingiu ser um soldado, bombeiro ou médico? (Você não se lembra de ter querido brincar de médico e de lhe terem dito para parar com aquilo?) Você é imaginativo; apenas não tem usado sua criatividade.

* Se lhe falta motivação, pergunte a si mesmo: "Se eu estivesse motivado, o que faria?" e aja de acordo com isso.

* Se você já não ama sua companheira, demonstre que ama. Como agiria se tivesse um caso de amor com ela? Sei que você pode fazê-lo e quando o fizer, você irá se sentir como se estivesse de fato tendo um caso.

Use sua imaginação, veja-se fazendo essas coisas e você descobrirá que *seu eu imaginário se tornará real*.

Homer resolveu se arriscar e ser ousado e aventureiro. Ele contou à classe o seguinte: "Era sempre minha mulher que planejava surpresas para mim. Sempre me considerei uma pessoa muito prática e analítica e acabamos aceitando o fato de que eu simplesmente não era imaginativo. Bem, esta semana decidi testar a teoria de Ellen. Imaginei que eu era meu ator favorito, Clark Gable. Pensei como ele trataria uma mulher e o resto ficou simples. Fui a uma loja de departamentos e comprei um robe de seda, uma echarpe e um novo perfume. Depois fui a um restaurante italiano e encomendei um jantar completo para viagem. Minha mulher quase desmaiou quando chegou do trabalho e viu o jantar à luz de velas e notou que eu tinha me vestido especialmente para ela. Ela ainda está comentando aquela noite com as amigas. A parte melhor da minha representação foi que fiquei realmente entusiasmado e, pela primeira vez, senti que era capaz de ser romântico."

Perry e sua mulher fingiram que estavam em seu primeiro encontro. "Com o passar da noite, comecei realmente a sentir arrepios no estômago. Foi muito agradável e nosso ato de amor foi fantástico". Todos rimos quando ele acrescentou que depois de ter feito amor com a mulher com quem estava casado há dezenove anos, ele a chamou de fácil por ir para a cama no primeiro encontro! Esperta, sua mulher respondeu: "Não pude evitar. Você estava tão *sexy* que perdi o controle. É a primeira vez que me acontece isso."

Portanto, torne-se um ator e represente o herói da vida da sua mulher. O faz-de-conta se tornará realidade para você. Eu garanto.

CONFIDENCIAL

As páginas seguintes devem ser lidas somente se você estiver pronto para uma aventura exótica e uma noite que nunca irá esquecer.

Ao ler esta seção, você poderá sentir-se tentado a dizer: "Isto definitivamente não é comigo. Não sou capaz de fazer essas coisas." Caso se sinta assim, lembre-se do meu precioso conselho: *Não seja você, seja outra pessoa*. Agora você irá fingir que é um homem excitante, *sexy*, artístico, espirituoso e desejável. Prometo que seu eu "faz-de-conta" não terá problemas com esta experimentação maravilhosa. Não deixe seu "verdadeiro eu" arruinar a aventura que você está prestes a ter.

SEJA A FANTASIA DELA

Há um ditado que diz: "Sempre queremos aquilo que não temos." Se você trabalha sempre de terno e gravata, mude sua imagem por uma noite. Seja um soldado, um astronauta, um bombeiro ou um policial. Você ficará surpreso ao descobrir que muitas mulheres ficam excitadas por homens vestidos com uniformes. Você pode alugá-los por uma noite sem gastar muito. Imagine a surpresa dela se você vestir o uniforme quando ela menos esperar. Também é sua chance para se transformar em jogador de beisebol ou de futebol. Até certo ponto, as fantasias transformam as pessoas nas personagens que elas fingem ser. Halloween é um exemplo de festa na qual muitos homens liberam seu lado criativo e imaginativo. Os homens mais conservadores transformam-se, uma vez por ano, nos personagens mais estranhos. Você não precisa de uma festa para se permitir uma diversão e criar uma lembrança. Você ficará surpreso com sua capacidade para se transformar em um homem engenhoso. Deixe sua personalidade vestir seu disfarce e represente o papel a noite inteira.

* Se você for um pirata, procure junto com ela o tesouro do amor.
* Se você for um policial, prenda-a em seu quarto.
* Se você for um bombeiro, salve-a das chamas do tédio e da rotina.
* Se você for um soldado, proteja-a dos ataques da monotonia e da previsibilidade.
* Se você for um astronauta, leve-a à lua com você.
* Se você for um médico, examine-a cuidadosamente para descobrir o que há de errado.

Se você não trabalha de terno, compre um e finja ser um magnata ou simplesmente um executivo. Deixe que ela seja sua secretária ou, melhor ainda, sua sócia, e divirta-se criando uma situação na qual se sente tão atraído por ela que não consegue se concentrar em seu trabalho.

Este é o segredo para não ter um relacionamento monótono. *A melhor maneira de se evitar um relacionamento sem graça é não ser uma pessoa tediosa.* Assuma a responsabilidade pelo tédio e não fique esperando que ela forneça o estímulo. Alguns homens vivem mudando de parceiras porque se cansam com facilidade; eles estão sempre em busca de novas mulheres para entretê-los. Você pode dar o entusiasmo e a imprevisibilidade que são vitais para um relacionamento.

Alguns dos meus alunos experimentaram essas sugestões e relataram resultados maravilhosos.

Tony disse que não se lembrava de um dia melhor. Ele chegou em casa ao meio-dia, tocou a campainha e fingiu que era o técnico que viera consertar o televisor. Ele e sua mulher foram astros de novela naquele dia.

Les disse que ele e sua mulher riram tanto, que provavelmente acrescentaram pelo menos mais dez anos às suas vidas. Ele era um sapo em busca de uma princesa. Se fosse beijado, ele se transformaria em um belo príncipe e se livraria da maldição sobre ele lançada há muitos anos.

Monty disse que descobriu toda uma nova dimensão em sua personalidade, cuja existência desconhecia, quando ele e a mulher representaram *A Bela e a Fera*.

Vince admitiu que ele e a mulher fizeram amor no quintal, dentro de uma barraca, porque ele era um soldado.

Kenneth nos revelou que passou a noite com sua mulher na tenda dos seus tempos de infância, porque ele optou por ser um índio.

Eu sei, e agora todos esses homens também sabem, que se um casal ri e se diverte, sua vida sexual melhora cem por cento. Uma vez que adquira o domínio disso, você será capaz de criar toda uma nova gama de experiências em um relacionamento que se tornou demasiado familiar e previsível.

Stan deixou para sua mulher um bilhete dizendo-lhe para ir a um bar das vizinhanças, pois lá estaria um admirador secreto à sua espera. Quando ela chegou, ele passou horas tentando conquistá-la. Finalmente, ela se rendeu aos seus encantos e ele foi motivo de inveja de todos os homens presentes, inclusive do *barman*! Mais importante, ele ficou surpreso com a sensação de triunfo que sentiu ao sair com o prêmio — sua própria mulher.

Phil, que sempre havia tido inveja do capitão da equipe de futebol americano da sua escola, teve finalmente sua chance com a garota mais popular da classe. Ele alugou para si um uniforme de jogador e uma roupa de chefe de torcida, completa com pompons e tudo, para sua mulher. Ele disse que se divertiu como nunca vivendo uma fantasia que havia tido por anos. A surpresa inesperada foi que sua mulher sempre desejara ser chefe de torcida — e seu próprio sonho de adolescência havia se transformado em realidade!

Jeanie ficou completamente sem ação quando Lloyd entrou em seu escritório vestindo um uniforme de policial. Na verdade, todos na empresa sabiam do plano dele de surpreendê-la e levá-la para um fim-de-semana fora para comemorar o vigésimo aniversário de casamento. Ele havia feito todos os planos, que incluíam um telefonema ao chefe dela para pedir que ele a liberasse na sexta-feira à tarde. Ele aproveitou ao máximo o disfarce, detendo-a no local e, é claro, lendo para ela os seus "direitos".

Ele disse: "Você foi acusada de passar tempo demais com as crianças e muito pouco comigo. Você tem o direito de permanecer em silêncio. Também tem o direito de passar um fim-de-semana romântico comigo. Tem direito a um quarto de hotel. Qualquer coisa que disser agora será usada mais tarde para fazer amor com você." Ele prendeu seus pulsos com algemas de brinquedo e lá se foram os dois.

Lloyd não só criou uma lembrança que irá durar para sempre, mas também fez de Jeanie motivo de inveja de todas as mulheres no escritório.

Jay alugou uma roupa de médico e um uniforme de enfermeira para sua namorada. Ele deixou o uniforme dela sobre a cama e, quando ela chegou em casa, havia um bilhete à sua espera pedindo que vestisse aquela roupa e se encontrasse com ele diante de um hospital local. Os dois se divertiram brincando daquilo que ele sempre quisera brincar desde que era um garotinho!

Este é outro segredo que poucos homens conhecem. *Dentro de toda mulher, por mais forte e capaz que ela seja, existe uma garotinha esperando para se revelar e brincar.* Seja brincalhão com ela e encoraje-a a participar, a voltar a ser uma garotinha, ao menos por algum tempo. O homem que consegue liberar essa garotinha através do senso de humor torna-se indispensável na vida dela. Vá em frente. Vocês dois merecem isso!

DÊ ASAS À SUA IMAGINAÇÃO, MESMO QUE SEU CORPO NÃO SAIA DO CHÃO

"Os homens não têm imaginação suficiente", disse Eileen, uma mulher de quase quarenta anos. "Eles sempre esperam que a mulher tenha novas idéias e, francamente, estou cheia. Ao menos uma vez eu gostaria que eles fossem criativos."

Muito bem, aqui está outra chance. Para isso você não irá precisar de uma fantasia, apenas da sua imaginação. Muitas vezes, um relacionamento prolongado torna-se desinteressante e rotineiro porque sua companheira é muito conhecida e vocês adquirem o hábito de fazer amor sempre no mesmo lugar e nas mesmas horas. Às vezes a solução não está em mudar de companheira ou ir a locais diferentes, mas em você fingir que está com ela em outro lugar e que vocês acabaram de se conhecer. O seu corpo pode não conseguir escapar da rotina e do tédio, mas ao menos sua mente pode. Experimente com ela algumas das encenações abaixo. Você ficará absolutamente surpreso com o efeito que elas podem ter em sua vida diária.

ASTRO NO PAPEL QUE VOCÊ MESMO CRIOU

Peça-lhe que represente junto com você. Você é o herói e ela a heroína e ambos são o que quiserem ser. Vocês podem ter ação, *glamour,* excitação, sexo, amor, o que quiserem, bastando para isso um pouco de imaginação. As lembranças dos momentos vividos com sua amada ficarão para sempre, juntamente com uma intimidade sempre bem-vinda.

Aqui estão algumas idéias para enredos. Experimente mais do que uma e lembre-se, elas são apenas esboços da cena. Aquilo que vocês irão fazer com elas depende inteiramente dos dois.

PRISIONEIRO DO AMOR

Você é um prisioneiro acusado de um crime horrendo. Ela é uma jovem e sofisticada advogada que veio vê-lo porque é a única pessoa no mundo que acredita na sua inocência. E é claro que vocês se apaixonam loucamente.

VOCÊ ESTÁ SENDO SEDUZIDO

Você é um policial que acabou de parar um carro que estava em excesso de velocidade. Você percebe que ela está tentando seduzi-lo enquanto escreve a multa. Você tenta ignorar as lindas pernas e os olhos cativantes dessa bela senhora, mas afinal de contas você não é de ferro.

SALÃO DE BELEZA

Você é o proprietário de um salão de beleza e ela está sentada esperando que seus cabelos recém-lavados sejam secos. A conversa começa inocentemente, mas enquanto você lhe seca os cabelos, fica cada vez mais atraído por ela. O que você pode fazer para seduzi-la?

ENSINE-ME ESTA NOITE

Você é um professor. Enquanto dá sua aula, uma das alunas (adivinhe quem) começa a flertar com você. Ela está fazendo gestos extremamente sugestivos, dificultando sua concentração; portanto, é realmente imperativo que você a segure na classe depois da aula.

MANTENDO-SE EM FORMA

Vocês estão malhando numa academia e você não consegue tirar os olhos dela. Ela fica linda pedalando na bicicleta ergométrica e fazendo outros exercícios e você fica sem forças só de olhá-la. Você deve dizer isso a ela, *você deve!*

JOGUE COMIGO

Você está sentado assistindo a um jogo, quando uma mulher desconhecida senta-se ao seu lado. É impossível ignorar seu maravilhoso perfume e aquele lindo joelho, mas o jogo está muito bom e você quer vê-lo até o fim. Mas espere. O que é isso? O que é essa pressão que você começa a sentir contra sua perna...?

FAÇA-ME UM EMPRÉSTIMO

Você é um gerente de banco e ela é uma mulher bem-sucedida que necessita de 1 milhão para expandir seus negócios. Você precisa lhe fazer muitas perguntas para determinar se poderá lhe emprestar o dinheiro. Ela está disposta a tudo para obter aquele empréstimo.

DOUTORA, DOUTORA

Ela é uma médica jovem e bonita e você precisa muito de um exame físico. Parece que ultimamente você tem tido problemas de todos os tipos e precisa realmente que alguém o examine, que se interesse por você e resolva todos os seus problemas.

LAR, DOCE LAR

Vocês não se conhecem e querem o mesmo apartamento. Ele é ótimo e os dois o querem imediatamente. Seria possível se envolverem numa vida em comum?

DANÇANDO NO ESCURO

Estamos em 1935 e vocês dois são jovens e inexperientes. A luz é pouca e a vitrola está tocando uma música lenta. Apesar de sentir-se nervoso e tímido, você a convida para dançar. Ao tomá-la em seus braços, você percebe que ela também está excitada. De um instante para outro, você é Fred Astaire e ela é Ginger Rogers.

ÀS SUAS ORDENS

Você é jovem e ingênuo e trabalha como entregador de pizzas. Ela abre a porta e, cuidado!

UM PÉ DE COELHO

Vocês estão num cassino em Las Vegas, na mesa de vinte-e-um, ganhando muito dinheiro. Vocês começam a conversar e logo descobrem que estão dando sorte um ao outro. Quanta sorte ainda terão?

DEPOIS DA TEMPESTADE

Esta é ótima para ser usada depois de uma discussão. Vocês estão apaixonados, mas infelizmente são casados com outras pessoas e estão tendo um caso desesperado. Esta é sua chance para reclamar da sua terrível mulher e ela pode se queixar do marido horroroso que tem. E os dois podem dizer como é bom poderem estar juntos ao menos algumas vezes por semana.

ENTRANDO NO QUARTO

Tudo aquilo de que falei até agora ocorre fora do quarto. Se você tem procurado sinceramente ser um companheiro mais ousado, estimulante, sensual ou imaginativo, vou afirmar que agora tem uma mulher que está muito mais receptiva a fazer amor.

Agora, esta é uma área em que sua companheira realmente necessita da sua ajuda. É muito provável que ela não esteja tão à vontade com sua sexualidade quanto você. Somente através da sua ternura, do seu calor, da sua aceitação e do seu conhecimento você poderá se tornar o maior professor dela. Você poderá ajudar a liberar a feminilidade dela, ajudá-la a se tornar uma amante mais criativa e, finalmente, permitir que ela experimente satisfação sexual. É através da reação dela que você irá experimentar o prazer supremo.

Para algumas mulheres não é fácil fugir às inibições e é preciso que você tenha muita paciência e afeição. Faça com que ela aprecie seu próprio corpo, assim como você. Se ela ficar embaraçada para se despir diante de você, não insista. Deixe que ela fique sob as cobertas e, com suas palavras, reforce o quanto você adora o corpo dela. Acima de tudo, diga-lhe palavras carinhosas, tranqüilizantes e atenciosas, que falem do seu amor por ela. Depois diga que ela é *sexy*, que desperta o seu desejo. Você pode ter que começar no escuro, mas pouco a pouco, à medida que ela ganhar mais confiança, você poderá acrescentar velas ou lâmpadas vermelhas para criar uma atmosfera romântica.

Ouvi certa vez que um homem pode ser comparado a uma pilha de folhas secas, ao passo que a mulher é como carvão. Jogue um fósforo nas folhas e elas queimam imediatamente. O carvão leva muito mais tempo, mas ambos acabam chegando à mesma temperatura.

É provável que você, como homem, possa experimentar excitação e clímax sexuais com relativa facilidade. Este não é o caso da maioria das mulheres. Elas levam muito mais tempo. Muitas mulheres têm dito que precisam de trinta a sessenta minutos para estarem prontas. Você pode estar pensando "É uma eternidade. Nunca poderei esperar tanto." Apague este pensamento da sua cabeça e substitua-o por "Uau, isso é excitante. Terei uma hora para despertá-la, excitá-la e estimulá-la." Para você, o maior desafio está em adiar seu próprio prazer em troca de uma sensação de satisfação muito maior, quando ambos experimentarem a satisfação sexual ao final do ato.

É importante acrescentar que às vezes uma "rapidinha" pode ser apropriada e excitante. A espontaneidade que ocorre se vocês sentem de repente um desejo quando estão andando de carro, caminhando pelos bosques ou mesmo num campo de futebol tarde da noite, pode ser absolutamente maravilhosa. Muitas vezes, a excitação é aumentada para ambos os parceiros pela adição do elemento surpresa. Também é importante acrescentar que há uma grande diferença entre fazer sexo e fazer amor. São duas coisas muito diferentes e você precisa saber fazer as duas.

Voltemos então à arte de fazer amor com uma mulher. As mulheres gostam de ser massageadas. Para elas, é importante relaxar. Massageie suas costas, seu pescoço, seus pés e mãos; este é o momento de dizer como ela é bonita, o quanto você a ama e a diferença que ela faz em sua vida. (Claro que este não é o único momento para lhe dizer essas coisas.) Escovar-lhe os cabelos também contribui para que ela relaxe.

Ao iniciar o ato, é importante não começar acariciando as partes íntimas dela. Você quer prepará-la para ter esse prazer mais tarde. Beijos e abraços são essenciais para que ela fique excitada. Acariciar e ser acariciado é uma atividade excitante que ambos podem desfrutar. Não se prive do calor e do estímulo produzido pelas carícias mútuas.

Quando ela estiver suficientemente excitada, depois de trinta a sessenta minutos de estímulos preliminares, então estará pronta para carícias mais íntimas. Massagens suaves em seu clitóris, juntamente com beijos e carícias em seus seios, aumentarão a excitação dela, levando-a ao orgasmo.

Muitos homens, e também muitas mulheres, não sabem que o clitóris feminino corresponde ao pênis masculino. Ele é uma das partes mais sensíveis do seu corpo e deve ser acariciado com cuidado. Contrariamente àquilo que muitas pessoas pensam, ela não consegue ter orgasmo apenas pela inserção do pênis na vagina. Nesta há muito poucos terminais nervosos. Anos atrás, os peritos acreditavam que houvesse dois tipos de orgasmo, vaginal e clitoridiano. Hoje sabemos que o orgasmo somente é possível através do estímulo do clitóris.

ONDE FICA?

O clitóris é relativamente pequeno e parece uma saliência logo acima da entrada da vagina. Este pequeno órgão está situado na junção das dobras dos pequenos lábios da vulva. Ele não fica dentro do corpo, mas fora. Se vocês não têm certeza de onde ele fica, poderá ser divertido ir à biblioteca ou comprar um livro que tenha uma ilustração detalhada do corpo feminino.

Também é importante notar o seguinte:

* Se as carícias forem demasiado agressivas, fortes ou rudes, o corpo da mulher se fechará.

* Como para muitas mulheres o sexo está na cabeça e não na cama, se ela não estiver disposta a fazer amor porque não houve excitação (ou romance) suficiente, seu corpo também não reagirá.
* O tamanho do pênis do homem pouco tem a ver com a satisfação sexual da mulher.
* Não é necessário, nem importante, que vocês tenham orgasmo ao mesmo tempo. O importante é que cada um tenha prazer com o outro e satisfaça suas necessidades.
* Para algumas mulheres, ter um orgasmo não é tão importante. Elas preferem a intimidade da união sexual. Elas têm maior satisfação com os abraços, carícias e beijos do que com o ato em si. Mesmo que tenham um orgasmo, elas ficarão frustradas se não for dedicado tempo suficiente a vocês ficarem juntos.

É irônico o fato de que muitos homens agressivos e vigorosos precisam atenuar esses traços e se tornar ternos, gentis e amáveis, se quiserem ser correspondidos sexualmente por suas companheiras. Embora haja, em geral, tempo e lugar para tudo, se você quiser brutalidade e tombos, vá jogar futebol americano. Ela é física e emocionalmente diferente de você.

Você sabia que o corpo masculino libera uma substância que o deixa sonolento depois de fazer amor? E que enquanto você está sonolento, a mulher maravilhosa que está ao seu lado libera um hormônio que a deixa completamente desperta? Ela ainda está aquecida e deseja mais carinhos, abraços, beijos e conversas íntimas, e você nada quer senão fechar os olhos e adormecer. Mas esta sonolência dura apenas alguns segundos e se você conseguir se manter desperto, ela irá se sentir a mulher mais feliz do mundo por ter um amante que não a abandona.

Outra diferença fisiológica entre vocês dois é que, para a maioria dos homens, os níveis hormonais atingem o pico pela manhã. Esta é uma das razões pelas quais eles geralmente acordam com uma ereção. Porém, para muitas mulheres isso é mais fácil à noite, quando seu nível hormonal tende a ser mais alto. Tomando consciência desse fato, vocês podem alternar os períodos para agradar um ao outro. Esta é mais uma maneira de demonstrar atenção.

Antes que você possa tocar o mais profundo âmago da sensualidade de uma mulher e chegar àquelas noites divertidas e excitantes de desenfreado abandono, é importante lembrar aquilo que você aprendeu nos capítulos anteriores e colocar essas coisas em prática todos os dias. Ternura, compreensão, admiração e sensibilidade podem levar seu relacionamento a um nível atingido por poucas pessoas. Mostre a sua mulher que você tem essas qualidades de sobra, e demonstre-as através de suas atitudes com ela. Sua mulher terá dificuldade para tirar as mãos de você.

ATIVIDADE Nº 7

1. Aproveite ao máximo seu eu "faz-de-conta". Quando chegar em casa, dê-lhe um beijo pretensamente apaixonado que a deixará trêmula.

2. Avise-a que determinada data será uma noite muito especial para ela.

3. Seja ousado e inovador. Deixe sua imaginação correr solta. Seja a fantasia dela e transforme-se em outra pessoa por uma noite.

4. Peça-lhe que vá às compras com você e peça que ela escolha uma peça de roupa íntima com a qual gostaria de vê-lo.

5. Torne-se o amante terno e sensível de que ela necessita. Nesta semana, escolha uma noite para tratar o ato do amor como um evento em si mesmo, não um prelúdio para o sono. Seja gentil e dedique tempo à felicidade e satisfação dela; na manhã seguinte, você verá o resultado na expressão do seu rosto.

Querida Ellen,

Muito, muito, muito obrigada. Como sabe, Wallace e eu somos aposentados e estamos chegando aos setenta anos. Lembra-se de quando concordamos em fazer seu curso e eu lhe disse que minha maior preocupação era que não seria divertido envelhecer junto com ele? Bem, quero que saiba que seu curso excedeu todas as minhas expectativas. Os pequenos atos de gentileza que ele hoje me faz todos os dias me deram nova vida. Hoje vou para a cama todas as noites sabendo que sou a mulher mais feliz do mundo por ter este homem fantástico ao meu lado.

Com carinho,

Mattie

OITO

Amar É...

Tenho ouvido histórias maravilhosas a respeito do que os homens fazem para tornar mais felizes as vidas de suas companheiras. São histórias de bondade, loucura, abnegação e amor sem limites, e nelas há lições das quais devemos estar sempre conscientes. Você precisa não só dizer que a ama, mas também demonstrar isso sempre que puder.

Lembro-me de June contando a todos, com lágrimas nos olhos: "Quando tive um problema nas costas, fui levada ao pronto-socorro. Depois de uma semana de tração, fui finalmente liberada. O médico disse que eu teria que ficar na cama por mais uma semana. Mal pude acreditar quando me senti confortável sob as cobertas. Havia um televisor novo, com controle remoto, para mim. Meu marido havia gasto um dinheirão para que eu ficasse bem."

Virgínia nos contou que trabalha para uma firma de telemarketing todas as noites em sua casa. Um dia, quando foi começar seu trabalho, ela encontrou um fone do tipo usado pelas telefonistas, que seu marido havia comprado sem que ela soubesse. Ele estava preocupado com o desconforto que era segurar um telefone contra a orelha durante horas e achava que isso poderia provocar dor no pescoço.

Kerry, casada com um operário de construção civil, disse: "Em nosso aniversário de casamento, Marion me fez a maior surpresa de minha vida. Ele tomou todas as providências para que tivéssemos uma bênção na mesma igreja em que nos casamos vinte e seis anos antes. Ele comprou um terno novo, fez de nossa filha a dama de honra e comprou para mim um enorme buquê. Terminada a cerimônia fomos todos jantar, e eu chorei de felicidade a noite inteira."

Lili disse que houve um ano em que o dinheiro havia sido um grande problema em seu casamento. Ela não tinha conseguido a promoção que esperava e Dick havia faltado muito ao trabalho devido a problemas de saúde. Para sua surpresa, seu marido avisou que no fim de semana seguinte eles iriam viajar. É claro que ela perguntou se ele estava louco, porque eles não tinham dinheiro. Ele disse para ela não se preocupar, porque tudo estava arranjado. No sábado seguinte, quando todas as malas estavam prontas, ele lhe disse que fechasse os olhos e guiou-a até a porta da casa. Quando ela a abriu, havia um tapete vermelho (ele havia pintado um rolo de papel daquela cor) conduzindo diretamente ao *trailer* deles. Ela pensou imediatamente que aquilo seria trabalho e não descanso, mas constatou que estava errada. Ele havia comprado tudo, limpado o *trailer* e colocado tudo dentro. Quando chegaram ao destino, ele tirou uma mesa, uma toalha xadrez, champanhe, velas e flores. Ele preparou café da manhã, almoço e jantar nos dois dias e também limpou tudo. Ela foi tratada como uma princesa. Lili nos disse que foi o melhor fim de semana da sua vida.

Carolyn disse que nunca se esquecerá da noite de Ano Novo de 1989. Às três da tarde, uma limousine branca parou em frente de sua casa. "Meu marido me entregou um grande envelope e disse que eu e minha amiga entrássemos na limousine. Dentro do envelope, encontramos fotos e uma fita cassete. Na fita estava gravado o tema de *Missão Impossível*, com instruções para encontrarmos nossos maridos. Nossa primeira parada foi numa loja de departamentos. Vocês não podem imaginar nossa surpresa quando fomos acompanhadas até uma sala de vestir cheia de vestidos de noite. À esquerda estavam os vestidos do número da minha amiga e à direita os do meu número. Fomos instruídas para escolher um vestido, sapatos e acessórios e para estarmos prontas em uma hora e meia. A seguir fomos levadas pela limousine até uma suíte de hotel decorada com duas dúzias de rosas, onde havia champanhe e música. Até hoje sou tratada como uma celebridade naquela loja de departamentos."

Esses homens românticos e maravilhosos certamente sabem como despertar o desejo em suas mulheres!

Entretanto, eu não poderia terminar este livro sem revelar algumas das pequenas coisas que os homens fazem e significam tanto para as mulheres que os amam. Sei que já disse isso nos capítulos anteriores, mas vou repetir. *Pequenas coisas significam muito.* É certamente maravilhoso planejar uma grande demonstração do seu amor, mas é muito importante saber que os pequenos atos diários de ternura e delicadeza também mostram a uma mulher o quanto você a ama, respeita e admira.

Assim, aqui está uma lista elaborada por mulheres que estão motivadas a despertar o desejo em seus companheiros, porque eles sabem como despertar o desejo nelas.

AMAR É... preparar a cama antes dela ir se deitar.

AMAR É... esquentar o motor do carro para ela.

AMAR É... colocar o braço à sua volta e perguntar se ela não está com frio.

AMAR É... ligar para ela do trabalho e perguntar se ela não precisa de nada da mercearia que fica no seu caminho de volta para casa.

AMAR É... trancar todas as portas e janelas à noite, para que ela se sinta segura.

AMAR É... levar um cafezinho para ela de manhã.

AMAR É... não fazer barulho de manhã, se você tiver que se levantar antes dela.

AMAR É... não ficar mexendo com papéis na cama se você tem muito o que ler e ela está tentando dormir.

AMAR É... ligar do trabalho só para dizer o quanto a ama.

AMAR É... ir recebê-la no carro para ajudá-la a carregar as compras do supermercado.

AMAR É... dizer aos amigos, na frente dela, que ela é maravilhosa.

AMAR É... deixar acesas as luzes da casa e da garagem quando ela tiver que chegar tarde.

AMAR É... levantar-se de noite para saber por que o cachorro está latindo.
AMAR É... perguntar que programa ela quer ver na TV.
AMAR É... notar como ela está bonita, sem que ela precise lhe perguntar.
AMAR É... ajudá-la nas tarefas caseiras como passar aspirador, tirar o pó, limpar e lavar as janelas.
AMAR É... ajudá-la a dar banho nas crianças e a colocá-las na cama.
AMAR É... ajudá-la a tirar as botas ou a fechar o zíper do seu vestido.
AMAR É... ajudá-la com o fecho do colar que ela quer usar.
AMAR É... barbear-se e tomar banho antes de fazer amor.
AMAR É... massagear os pés, as costas, as mãos ou o pescoço dela depois de um longo dia.
AMAR É... lavar a louça e limpar a cozinha depois do jantar preparado por ela e deixá-la descansar.
AMAR É... acompanhá-la ao médico ou dentista, caso ela esteja nervosa.
AMAR É... apanhá-la no hospital no dia em que ela tiver alta.
AMAR É... lembrar-se de baixar a tampa do sanitário depois de usá-lo.
AMAR É... limpar a pia depois de se barbear.
AMAR É... interessar-se em saber como foi o dia dela.
AMAR É... levantar-se para dar mamadeira ao bebê às três da manhã.
AMAR É... fazer um longo passeio de mãos dadas.
AMAR É... conseguir uma bebida para ela numa festa.
AMAR É... manter uma foto dela em sua carteira e sobre a sua mesa.
AMAR É... escrever-lhe um poema ou carta, dizendo que você se orgulha de estar com ela e por quê.
AMAR É... nunca tirar os olhos dela para olhar para outra mulher, por mais bela que seja.
AMAR É... pedir desculpas quando você está errado e nada dizer quando está certo.
AMAR É... paquerar com ela quando estão em uma festa.
AMAR É... atender aos telefonemas quando ela está cansada e dizer que ela ligará mais tarde.

AMAR É... mandar abastecer e lavar o carro dela de vez em quando.

AMAR É... agir de forma alegre e agradável, mesmo que não se sinta assim.

AMAR É... desligar o despertador todas as manhãs, voltar-se para ela e dizer: "Eu te amo."

AMAR É... colocar uma gravata borboleta e um guardanapo no braço e ser seu garçom durante o jantar. Se ela tentar se levantar por algum motivo, diga: "Não, madame, eu pego!"

AMAR É... anotar o nome dela em sua agenda para um longo almoço.

AMAR É... ficar abraçado enquanto vocês recordam os bons momentos que tiveram juntos.

AMAR É... pedir-lhe para se casar novamente no dia do aniversário do seu casamento.

AMAR É... dizer: "Venha sentar-se no meu colo", fazê-la passar os braços ao redor do seu pescoço e começar a beijá-la como faziam quando vocês eram adolescentes.

AMAR É... tirá-la para dançar onde vocês estiverem: na sala, na cozinha ou no quarto.

AMAR É... passar pelo menos uma noite sozinho com ela.

AMAR É... dividir um sonho — as férias que você gostaria de tirar ou a casa que gostaria de comprar — e conversar com ela a esse respeito. Recortar fotos e iniciar um álbum de "sonhos futuros".

AMAR É... passar um dia de folga com ela, vendo filmes, cochilando, lendo ou não fazendo nada o dia inteiro.

AMAR É... tomar um banho com ela.

AMAR É... estar à sua espera no aeroporto a ajudá-la a carregar as malas.

AMAR É... ajudá-la a marcar um itinerário no mapa e até mesmo percorrê-lo com ela no dia anterior, caso isso seja necessário.

AMAR É... alugar um filme romântico do qual ela irá gostar.

Estes atos simples de delicadeza fazem com que uma mulher se sinta amada, cuidada, admirada e especial. Comece hoje. Escolha uma idéia e faça uma experiência. Veja como é fácil despertar a paixão e o entusiasmo na mulher que você ama.

CONCLUSÃO

Chegamos ao final do livro, mas espero que para você seja apenas o começo.

Você merece ter uma mulher que o ame com todo o seu coração. Agora você já aprendeu que isso não irá acontecer por acaso, por sorte ou por estar no lugar certo, na hora certa.

Isso irá acontecer através da sua crescente consciência de que as necessidades e exigências dela podem ser diferentes das suas. Quando lhe der a força, compreensão, ternura e sensibilidade de que ela precisa, você terá em troca seu respeito, sua admiração, seu apoio e sua paixão.

Na vida existem muitas coisas sobre as quais você não tem controle. Sua vida amorosa não é uma delas. Você pode ter controle completo sobre ela, mas precisa decidir que deseja ter tudo aquilo que uma mulher é capaz de lhe dar.

Viver com uma mulher e amá-la pode ser a experiência mais desafiante e compensadora. A profunda sensação de satisfação quando se tem uma mulher é inestimável. Ela está ao seu lado para lhe dar uma sensação de valor, para compartilhar seus sucessos e fracassos e confirmar sua masculinidade.

Junte-se aos milhares de homens que são considerados privilegiados, devido aos seus relacionamentos. Eles aprenderam que a sorte resulta de um trabalho duro que finalmente compensou.

Quero que você tenha a compensação suprema, uma mulher que venera o chão que você pisa e que faria qualquer coisa para torná-lo feliz. Prove-lhe que o homem dos seus sonhos, seu Príncipe Encantado, seu valente cavaleiro, seu herói, finalmente transformou-se em realidade por sua causa.

Desejo que você tenha todo o amor, a felicidade e a satisfação que merece.

Com carinho,
Ellen